KULINARISCHER KNIGGE

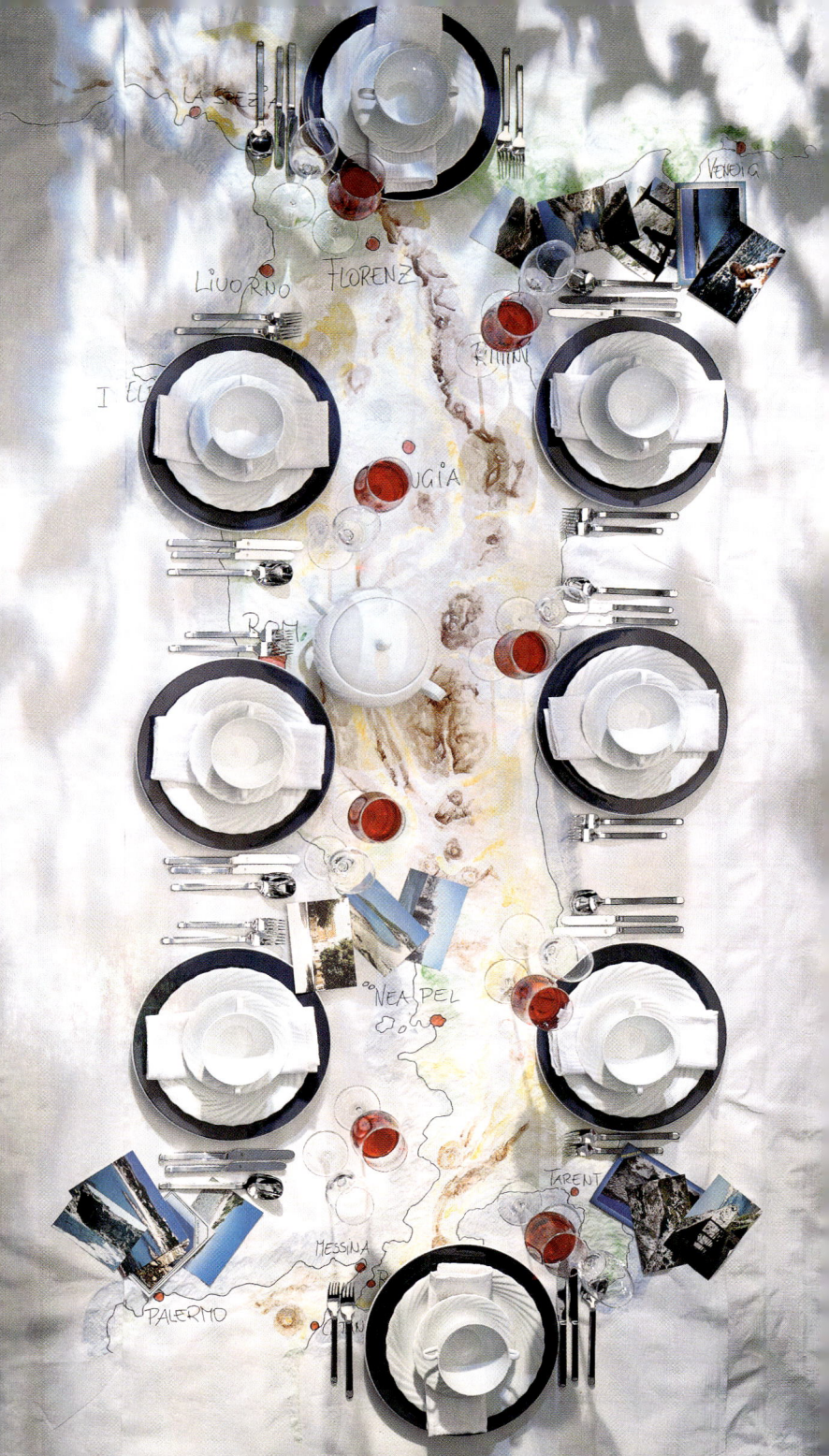

Horst Hanisch

Kulinarischer Knigge

Umgangsformen rund um Essen und Trinken

INHALT

UMGANGSFORMEN
À LA CARTE

Benimm, Umgangsformen, guter Ton – ist das noch zeitgemäß? Und was kann man darunter heute verstehen?

Nach Jahren der Ablehnung steht man Umgangsformen seit Anfang der 90er Jahre durchaus wieder positiv gegenüber. Längst hat man festgestellt, dass sie keineswegs nur leere Gesten sind, sondern ein Stück Respekt vor der anderen Person spiegeln, ein Stück Humanität und Zivilisiertheit vermitteln. – Ganz nach Manier des aufklärerischen Freiherrn von Knigge (1751–1796), dem es in seinem berühmten Buch *Über den Umgang mit Menschen* weniger um gesellschaftliche Umgangsformen als Selbstzweck denn um das humanitäre Anliegen eines ethischen Lebensprinzips ging.

Nun lassen sich Gebote und Verbote im Sinne guter Umgangsformen nur schwer festschreiben, weil sie ständig in Veränderung begriffen sind. War es gestern beispielsweise noch verpönt, zu Fisch Rotwein zu servieren, wird das heute anstandslos toleriert. Dazuhin gibt es kaum Regeln im eigentlichen Sinn, an die man sich in jeder Umgebung, jedem Personenkreis einfach nur zu halten bräuchte, um sich nicht nur korrekt, sondern garantiert gut und richtig zu benehmen. Umgangsformen und Verhalten müssen sich vielmehr abhängig von der jeweiligen Situation immer wieder neu bewähren.

Das heißt nichts anderes, als dass ein jeder alltäglich in verschiedensten Situationen immer wieder von neuem für sich entscheiden muss, wie er oder sie sich verhalten soll. Allemal leichter fällt die Entscheidung, wenn man mit eingespielten, oft altbewährten Grundregeln guten Benehmens vertraut ist. Denn nur wer die Spielregeln kennt, kann sich von Fall zu Fall auch souverän darüber hinwegsetzen.

Gepflegte Gastlichkeit hat Konjunktur, Essen und Trinken in Gesellschaft Tradition. Was Wunder, dass sich gerade in diesem Bereich eine verwirrende Vielzahl von „Sitten" im Sinne guter Umgangsformen entwickelt hat. Der *Kulinarische Knigge* beantwortet einfache und knifflige Benimmfragen rund ums Essen und Genießen. Neben Grundsätzlichem zum Thema Tischmanieren und Anleitungen zum Essen „schwieriger" oder seltener Speisen gibt er probate Tipps, wie man Gäste souverän bewirtet: ob zu Hause oder im Restaurant. Last but not least gibt er praktische Hilfestellung, wie man als Gast Fettnäpfchen sicher umgeht und in jedem Lokal Herr respektive Frau der Lage bleibt.

Guten Appetit wünscht in diesem Sinne

Horst Hanisch

Kein alter Zopf

BENIMM
BEI TISCH

EINIGE GRUNDREGELN
VORWEG

Essen und Trinken ist mehr als nur lebenswichtige Nahrungsaufnahme, ist Genuss, ist auch ein Forum für Kommunikation. Wer isst schon gern allein? Die Varianten in Bezug auf das Wann, Wo, mit Wem sind so zahllos wie die dazugehörigen Spielregeln und Fettnäpfchen. Nicht ohne Grund haben sich gerade in diesem Bereich eine Reihe von „Sitten" im Sinne guter Umgangsformen entwickelt.

Auf den folgenden Seiten wollen wir es mit den Regeln nicht übertreiben, sondern vielmehr einige Grundregeln rund um Tisch und Tafel vermitteln. Dabei ist es erst einmal egal, ob wir im Restaurant essen oder zu Hause tafeln.

DER GEDECKTE TISCH

Ein schön gedeckter Tisch erhöht zweifellos das kulinarische Vergnügen – das Auge isst schließlich mit!

EINFACHES GEDECK

Das Gedeck, französisch *Couvert,* bezeichnet alle Dinge, die auf dem Tisch eingedeckt sind, bevor der Gast Platz nimmt. Dazu zählen Besteck, Gläser, die Serviette, gegebenenfalls Tischkarten, einige Geschirrteile.

Man unterscheidet zwischen

- *einfachem Gedeck* oder Grundgedeck und
- *erweitertem Gedeck.*

Das einfache Gedeck für ein Essen mit Suppe, Hauptgang und Dessert umfasst: 1 großes Messer, 1 große Gabel, 1 Suppenlöffel, 1 Dessertgabel, 1 Dessertlöffel, 1 Weinglas (auch Richtglas genannt), 1 Wasserglas, 1 Serviette.

Das große Messer liegt rechts im Gedeck, da es mit der rechten Hand geführt wird. Die Messerschneide zeigt nach links. Die große Gabel liegt links im Gedeck, sie wird mit der linken Hand geführt. Die Zinken zeigen nach oben. Beim Eindecken werden die Besteckteile parallel platziert, der Abstand zwischen den Hauptbesteckteilen (großes Messer und große Gabel) sollte so bemessen sein, dass der größte Teller (in der Regel der für den Hauptgang) gut Platz findet. Auch der Abstand zwischen Besteck und Tischkante ist immer gleich groß. Steht eine Suppe auf dem Menüplan, liegt der Suppenlöffel rechts vom großen Messer.

In der Regel wird das Dessert mit zwei Besteckteilen gegessen: mit Dessertgabel und -löffel oder mit Dessertgabel und -messer. Für den Hausgebrauch können alternativ Kaffeelöffel und Kuchengabel genommen werden. Die Besteckteile für das Dessert (Nachtisch) liegen oben quer im Gedeck, also parallel zur Tischkante. Werden für den Nachtisch Löffel und (Kuchen)Gabel benötigt, liegt die Gabel direkt über dem Teller, der Löffel darüber.

Das einfache Gedeck

Dabei zeigt der Griff der Gabel nach links und der des Löffels nach rechts. Gibt es Käse oder Obst, besteht das Dessertbesteck aus kleinem Messer und Gabel.

Direkt über dem Teller liegt in diesem Fall das Messer mit dem Griff nach rechts, der Griff der Gabel zeigt nach links.

Das Weinglas – wie alle weiteren Gläser – steht rechts im Gedeck, da die meisten Menschen Rechtshänder sind und das Glas mit der rechten Hand halten. Das Weinglas steht über der Messerspitze. Ist Dessertbesteck eingedeckt, steht das Weinglas in Höhe der Dessertgabel. Wird Bier zum Essen getrunken, nimmt die Biertulpe den Platz des Weinglases ein.

Die Serviette – aus Stoff oder Papier – ist in der Mitte des Gedecks aufgebaut, kann auch links oder hinter dem Gedeck stehen. Die Tischkarte, falls vorgesehen, steht hinter dem Gedeck, und zwar so, dass sie eindeutig zugeordnet werden kann. Gegenüberliegende Gedecke sind so platziert, dass Messerspitze und Gabelspitze aufeinander zeigen. Benachbarte Gedecke haben – je nach Platz – rund 80 Zentimeter Abstand zueinander (von Gedeckmitte zu Gedeckmitte).

Ein Stück Tischkultur: die Serviette

Wenn Linkshänder als Gäste erwartet werden, kann man spiegelverkehrt eindecken – als besondere Aufmerksamkeit dem linkshändigen Gast gegenüber. Allerdings ist dabei zu bedenken, dass ein spiegelverkehrt aufgelegtes Gedeck auf einer großen Tafel den harmonischen Gesamteindruck stören kann.

Das erweiterte Gedeck braucht es für ein mehrgängiges Menü, bei dem die Getränke zu den einzelnen Gängen gewechselt werden.

In der Regel werden benötigt: 1 großes Messer, 1 Vorspeisenmesser, 1 Fischmesser, 1 große Gabel, 1 Vorspeisengabel, 1 Fischgabel, 1 Suppenlöffel, 1 Dessertgabel, 1 Dessertlöffel, 1 Brotteller, 1 Brotmesser, 1 Weinglas für Weißwein, 1 Weinglas für Rotwein, 1 Sektglas (bei Bedarf), 1 Serviette, 1 Tischkarte (bei Bedarf), 1 Platzteller (bei Bedarf).

Das Besteck im großen Gedeck

Wird ein Platzteller eingedeckt, kommt er in die Mitte des Gedecks, er markiert also die Gedeckmitte.

Großes Messer, Fischmesser, Suppenlöffel und Vorspeisenmesser liegen auf der rechten Seite im Gedeck, da sie alle mit der rechten Hand geführt werden. Große Gabel, Fischgabel, Vorspeisengabel liegen auf der linken Seite im Gedeck, sie werden mit der linken Hand geführt. Aus optischen Gründen kann in diesem Fall die mittlere Gabel leicht nach oben verschoben werden.

Das erweiterte Gedeck

Der *Brotteller* steht immer links im Gedeck, und zwar links neben der äußeren Gabel, leicht nach oben verschoben. Das Brotmesser liegt auf dem rechten Tellerrand, die Messerschneide zeigt nach links. Es liegt parallel zum Hauptmesser.

Sind mehrere Gläser eingedeckt, steht das sogenannte *Richtglas* über der Spitze des großen Messers. Das kleinere Glas für den Weißwein wird rechts darunter (im 45-Grad-Winkel) eingesetzt, das Sektglas links darüber (ebenfalls im 45-Grad-Winkel). Das Glas, das zuerst benutzt wird, steht dem Gast am nächsten (auf der Zeichnung auf S. 13 das Weißweinglas). Die Gläser können auch ein Dreieck bilden, wobei das Sektglas dann rechts oberhalb des Richtglases steht.

TISCHLEIN DECK DICH

Um sich die Arbeit zu erleichtern, ist es sinnvoll, eine gewisse Reihenfolge einzuhalten. Angenommen, Sie wollen eine festliche Tafel für eine größere Anzahl von Personen eindecken. Bevor Sie die Gedecke auflegen, sollten einige Vorarbeiten schon erledigt sein:

■ Die Tische sind zur gewünschten Tafelform angeordnet, wobei darauf zu achten ist, dass die Gäste ausreichend Platz haben, um an sitzenden Gästen vorbeizugehen.

- Die Tischwäsche ist aufgelegt.
- Die Stühle sind angestellt, um zu kontrollieren, ob auch jeder Gast einen Sitzplatz hat. Wenn möglich, sollte kein Stuhl vor einem Tischbein zu stehen kommen. Auch wenn Sie nicht abergläubisch sind und das Tischbein als schlechtes Omen für eine böse Schwiegermutter erachten, sollten Sie in keinem Fall eine Dame vor das Tischbein setzen. Trägt SIE nämlich einen engen Rock, sitzt sie vor einem Tischbein sehr unbequem.

Am gedeckten Tisch sollten die Stühle so stehen, dass die Stuhlkante mit der Tischkante abschließt. Das Tischtuch sollte vom Stuhl nicht unter den Tisch gedrückt werden.

Genügend Platz zum Sitzen

Das liest sich pingelig, hat aber einen simplen und ganz praktischen Grund. Sind die Stühle unter den Tisch geschoben, ist der Platzverbrauch geringer. Sobald sich die Gäste aber setzen, ziehen sie die Stühle zurück. Stellt man die Stühle von vornherein so, wie sie später stehen, kann man den Platz besser einteilen und es kommt dann, wenn alle Gäste Platz genommen haben, nicht zu Schiebereien und beengten Sitzverhältnissen.

EINDECKEN NACH PLAN

Als erstes kommt der Platzteller in die Gedeckmitte. Gegenüberliegende Platzteller sollten auch wirklich gegenüberliegen. Jetzt die Besteckteile auflegen. Dabei mit dem großen Messer und der großen Gabel beginnen und darauf achten, dass die Hauptgabel auf das Hauptmesser des gegenüberliegenden Gedecks zeigt. Die übrigen Bestecke von innen nach außen hinzufügen. Also zunächst Fischmesser, Suppenlöffel und Vorspeisenmesser rechts platzieren, dann die Vorspeisengabeln links und zum guten Schluss das Dessertbesteck über dem Platzteller eindecken.

GUT ZU WISSEN

Ob ein Besteckteil rechts oder links im Gedeck liegt, richtet sich danach, mit welcher Hand man es benutzt.

Was gehört sonst noch auf den Tisch? Zum Frühstück stellt man Salz und Pfefferstreuer auf den Tisch, damit Eiergerichte individuell gewürzt werden können, zum Mittag- oder Abendessen an sich nur einen Salzstreuer.

GUT ZU WISSEN

Eierlöffel sollten nicht aus Silber sein.

Runde oder ovale Tische haben einen großen Vorteil gegenüber einem rechteckigen Tisch: Man kann auch eine ungerade Personenzahl gut platzieren, also fünf, sieben oder neun Gäste – je nach Größe des Tisches. Vorteil außerdem: Am runden Tisch können sich alle Gäste gut sehen, was dem Gespräch in der Tischrunde zugute kommt. Nachteil: Bei ungerader Personenzahl lassen sich die Abstände der Gedecke zueinander nur mit Augenmaß und einigem Zurechtschieben austarieren.

Am runden Tisch

WELCHES BESTECK WOFÜR?

Kaum haben die Gäste an der nach allen Regeln der Kunst gedeckten Tafel Platz genommen, trifft manchen auch schon der erste Schreck: Schön säuberlich rechts, links und oberhalb des Tellers liegen da diverse Besteckteile. Aber wer weiß immer, welches Besteckteil wofür benutzt wird? Also schielt man zum Nachbarn: mal sehen, wie der die Sache angeht. Aber der weiß es nicht besser. Und schon wird's peinlich. Um so dankbarer ist man, wenn der Gastgeber oder die Gastgeberin beherzt zwei Besteckteile ergreift und mit dem Essen beginnt.

So weit, so gut, aber was, wenn Sie der Gastgeber respektive die Gastgeberin sind und die Tafel eröffnen? Damit Sie dann – über jeden Zweifel erhaben – mit gutem Beispiel vorangehen können, finden Sie auf Seite 18/19 in übersichtlicher Zusammenstellung, welche Besteckteile in einem Gedeck auftauchen können, mit welcher Hand sie geführt werden und mit welchem anderen Besteckteil sie gleichzeitig benutzt werden. Ausgegangen wird dabei immer von einem Rechtshänder.

Bezeichnung	Braucht man für	Nimmt man in die rechte/ linke Hand	Pendant für die andere Hand
großes Messer Hauptmesser Menümesser	Hauptgang	rechte	große Gabel Hauptgabel Menügabel
Vorspeisen- messer	kalte und warme Vor- speise, Dessert	rechte	Vorspeisen- gabel/ Dessertgabel oder Löffel
Fischmesser	Fischgerichte, die weder ge- räuchert noch mariniert sind	rechte	Fischgabel
Butterstreicher Buttermesser	Butter und Brot	rechte	–
Vorspeisen- gabel	Kalte und warme Vor- speisen	linke	Vorspeisen- messer oder -löffel
Kuchengabel	Kuchen/Torten	rechte	Dessertlöffel
großer Löffel Suppenlöffel Hauptlöffel	Suppen	rechte	–

Tafellöffel Tafelgabel Tafelmesser   Vorspeisenlöffel Vorspeisengabel Vorspeisenmesser   Fischgabel Fischmesser   Schneckengabel Schneckenzange

Bezeichnung	Braucht man für	Nimmt man in die rechte/ linke Hand	Pendant für die andere Hand
Vorspeisenlöffel	zum Beispiel beim Frühstücksmüsli	rechte	Vorspeisengabel
Dessertlöffel	Desserts, für die man kein Messer benötigt	rechte	Dessertgabel
Kaffeelöffel	Kaffee und andere warme Getränke	rechte	–
Krebsmesser	Krebsfleisch	rechte	–
Krebsgabel	Krebsfleisch	rechte	–
Austerngabel	Austern	rechte	–
Hummergabel	Hummer	rechte	–
Hummerzange	Hummer	rechte	–
Sorbetlöffel Limonadenlöffel	Sorbeteis im Sektglas	rechte	–
Schneckenzange	Schnecken im Gehäuse	linke	Schneckengabel
Grapefruitmesser/-löffel	Grapefruits	rechte	Dessertgabel

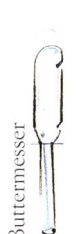

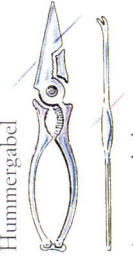

Buttermesser

Mokkalöffel

Kaffeelöffel
Kuchengabel

Hummerzange
Hummergabel

Austerngabel

Sorbetlöffel

Grapefruitmesser
Grapefruitlöffel

Die Gläser sind ein Thema für sich und können mitunter so vielfältig und verwirrend sein wie die Besteckteile. Die Zeichnungen auf dieser und der nächsten Doppelseite zeigen gängige Gläser und was man daraus trinkt.

DAS GLAS HALTEN

Weingläser und andere Gläser mit Stiel fasst man am oberen Teil des Stiels, niemals oben am Kelch oder innen. Letzteres ist nachgerade unhygienisch und erschwert das Spülen und Reinigen der Gläser. Bei großen, bauchigen Gläsern kann man den Kelch von unten mit der nach oben geöffneten Handfläche halten, den Stiel nimmt man zwischen Mittel- und Ringfinger. Dadurch werden Glas und Getränk zum einen angenehm temperiert, was besonders Cognac-Getränken gut bekommt, zum anderen lässt sich das Glas besser schwenken, sodass Geruch und Geschmack des Getränks sich entfalten können. Becher- und Schnapsgläser oder „Stamperl" greift man unten am Fuß.

EINSCHENKEN – NACHSCHENKEN

Wieviel eingeschenkt wird, richtet sich nach dem Getränk und dem Glas. Bei Weißwein und Sekt oder Champagner wird das Glas in der Regel zu zwei Dritteln gefüllt. Große Gläser, wie beispielsweise Burgunder- oder Bordeauxgläser, werden natürlich nicht so voll geschenkt, da käme sonst schon mal ein halber Liter ins Glas! Hier

Die Weinriege. Das Rotweinglas kann auch als Wasserglas dienen

Rotweinglas   Burgunderpokal   Weißweinglas   Roséglas

gießt man so viel ein, dass es in etwa der Menge für ein normales Weinglas entspricht. Im Restaurant werden offene Weine meist zu 0,2 Liter angeboten, für den kleinen Durst gibt es inzwischen auf vielen Weinkarten auch 0,1 Liter. Süddeutsche Viertelesschlotzer bestehen nach wie vor auf dem viertel Liter, beim typischen Viertelesglas markiert der Eichstrich deshalb 0,25 Liter. Bei Schnäpsen, Likören und Cognacgetränken werden 2 Zentiliter (cl) ausgeschenkt, bei Portweinen Südweinen und Sherry 5 Zentiliter (cl).

GUT ZU WISSEN

Gläser werden nie randvoll eingeschenkt.

Die Bodenständigen

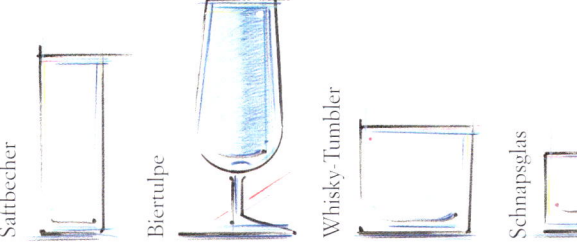

Saftbecher Biertulpe Whisky-Tumbler Schnapsglas

*Was
Hänschen
nicht
lernt…*

„Sitz gerade!" „Wipp nicht mit dem Stuhl!" „Nimm die Ellenbogen vom Tisch!" „Mit vollem Mund spricht man nicht!" Und so weiter und so weiter. Sicher sind Ihnen diese Regeln schon untergekommen. Vieles wird heute nicht mehr so eng gesehen, nach wie vor gilt gesittetes Benehmen bei Tisch aber als Teil der guten Kinderstube.

HAUPTAKTEURE BEIM BESTECK: MESSER UND GABEL

Es wird (fast) immer mit zwei Besteckteilen gegessen: Messer und Gabel, wobei die Gabel in der linken Hand gehalten wird. Die Messerschneide zeigt nach unten oder in Richtung Teller. Mit Besteckteilen deuten und gestikulieren ist im Sinne guter Tischmanieren verboten. Bei Gerichten, die man ohne Messer isst, wird das Messer durch einen Löffel ersetzt. Der Löffel wird dann mit der rechten Hand gehalten, die Gabel mit der linken.

GUT ZU WISSEN

Kuchen wird, wie fast alle Desserts, an sich mit zwei Besteckteilen, nämlich Gabel und Löffel, gegessen.

„Einhändig" gegessen wird mit diversen Spezialbestecken oder auch bei einfachen Speisen, z. B. Pudding oder Suppe. Die freie linke Hand bleibt auf der Tischkante. Andere Länder, andere Sitten: In den USA ist es usus, Fleisch und andere Speisen vorweg kleinzuschneiden. Dann wird das Messer beiseite gelegt und das Essen mit der Gabel verspeist. Die linke Hand ruht dabei auf dem Schoß.

*Die
Eleganten
Gläser mit
Sti(e)l*

Südweinglas · Sektflöte · Sektschale · Cocktailglas

*Sitzhal-
tung: der
Kopf bleibt
aufrecht*

Mit dem Messer schneiden und schieben wir die Speise zur bzw. auf die Gabel. Die Gabel wird zum Mund geführt, nicht das Messer! Die Regel gilt ausnahmsweise strikt: Es wird keine Speise mit dem Messer in den Mund geschoben, sofern es sich nicht um ein rustikales Ritteressen oder sonstige Sonderformen handelt, bei denen sämtliche Regeln guter Tischmanieren außer Kraft gesetzt bzw. der Situation angepasst sind.

Auch wenn der richtige Abstand zwischen Teller und Mund die Gefahr zu kleckern erhöht, der Kopf soll aufrecht gehalten werden. Es ist schlicht kein appetitlicher Anblick, wenn die Nase schon fast im Teller hängt.

Sherryglas   Likörglas   Cognacglas   Obstbrandglas

Wenn Sie eine Pause einlegen oder etwas trinken wollen, legen Sie das Besteck auf den Tellerrand, Messerschneide und Zinken der Gabel nach unten. Hin und wieder begegnen einem noch sogenannte *Messerbänkchen* als Ablage für das Messer. Werden Suppe oder Dessert mit Unterteller serviert, gehört das Besteck während oder nach dem Essen auf den Unterteller.

WAS DIE BESTECKSPRACHE DEM SERVICE SAGT

Angenommen, Sie sind Gast an einer großen Banketttafel. Der Hauptgang wurde schon serviert, aber Sie möchten gern noch Gemüse nachhaben, und die Kartoffeln schmecken auch ganz gut.

Wird der Hauptgang von einer Platte serviert, ist in einem guten Haus nur etwa die Hälfte des Gerichtes auf dem Teller angerichtet. Haben Sie das gegessen, wird nachgelegt, manchmal auf einem neuen Teller. Auch in diesem Fall zeigen Sie mit dem Besteck an, dass Sie noch nicht fertig sind mit diesem Gang bzw. noch Hunger haben.

Allgemein verstanden wird folgende Bestecksprache:

„Ich bin mit dem
Essen noch nicht
fertig.“

„Ich habe noch
Hunger. Bitte nach-
legen.“

„Ich bin fertig mit
dem Essen. Bitte
abräumen.“

WIE MAN DIE SERVIETTE BENUTZT

Die Mundserviette liegt oder steht zu Beginn des Essens
im Gedeck. Oft ist sie kunstvoll geformt; in der Fach-
sprache heißt das: Die Serviette ist kunstvoll *gebrochen.*
Manchmal hört man Gäste sagen: „Ach, die ist ja viel zu
schön, um sie zu benutzen!“ Genau dafür ist die Serviette
aber da, um benutzt zu werden.

Kunstvolle Serviettenform: der Taschenkrebs

Wohin mit der Serviette?

Sobald Sie Platz genommen haben, nehmen Sie Ihre Serviette aus dem Gedeck, falten sie auseinander und legen sie auf den Schoß. Das ist der einzig richtige Platz. Sie sollten die Serviette nicht:

- in den Hemdkragen stecken,
- an der Krawattenklammer befestigen,
- mit einem Zipfel unter den Teller klemmen,
- unbenutzt liegen oder stehen lassen.

Die Serviette dient in erster Linie dem Schutz der Kleidung und in zweiter Linie dazu, sich den Mund abzutupfen. Gerade beim Verzehr fettiger Speisen (z.B. auch Salat mit Sauce Vinaigrette) sollten Sie erst zur Serviette und dann zum Weinglas greifen. Wenn Sie während des Essens aufstehen müssen, legen Sie die Serviette locker zusammengefaltet auf die Sitzfläche Ihres Stuhls. Aus hygienischen Gründen sollte dabei die (saubere) Seite, die zuvor auf der Kleidung lag, nach außen zeigen.

Wenn Sie im Restaurant die Serviette auf dem Tisch ablegen, heißt das für gut geschultes Service-Personal, dass Sie mit dem Essen fertig sind. Sobald das Essen beendet ist, gehört die Serviette, nachdem Sie sich ein letztes Mal die Lippen abgetupft haben, leicht zusammengeklappt auf den Tisch. Eine Papierserviette darf ruhig auf den Teller gelegt werden.

MAKE-UP UND ANDERE „UN"-SITTEN

Im Interesse eines angenehmen Miteinander bei Tisch sollte man nicht:

- Kaugummi kauen,
- hinter vorgehaltener Hand flüstern oder mit dem Tischnachbarn tuscheln,
- geräuschvolle, übelriechende „Winde" lassen,
- in der Nase bohren,
- Fingernägel kauen,
- rülpsen,
- schmatzen,
- schlürfen,
- per Handy telefonieren – es sei denn, es handelt sich um einen Notfall.

Sollte während des Essens das Make-up gelitten haben, dann ist dezentes Nachschminken der Lippen erlaubt, größere Make-up-Korrekturen oder Kämmen bei Tisch sind dagegen verpönt.

Und noch eine goldene Regel: Parfums und andere Duftwässerchen sollte man nicht zu dick auftragen, die Düfte könnten sonst in unerwünschte Konkurrenz zu Speis und Trank treten und den Genuss beeinträchtigen.

Diskretes Benutzen von Zahnstochern hinter vorgehaltener Hand oder Serviette ist gestattet, aber nicht unbedingt schön anzusehen. Da man hinter vorgehaltener Hand ohnehin schlecht hantieren kann, geht's besser und ungestörter an einem anderen Örtchen.

Grundsätzlich sollte man es vermeiden, während des Essens aufzustehen. Wenn es aber sein muss, wartet man einen geeigneten Moment ab, z. B. die Pause zwischen zwei Gängen.

Im Restaurant kann der jeweilige Gang streng genommen erst beendet werden, wenn alle Gäste mit dem Essen fertig sind. Hat ein Gast den Tisch verlassen, ohne sein Besteck so auf den Teller zu legen, dass erkennbar ist, er hat den Gang beendet, müssen alle anderen Gäste warten. Denn: Das Service-Personal sollte nicht abräumen, bevor der letzte am Tisch fertig ist.

Den Tisch-
partner in-
formieren

Essen Sie beispielsweise zu zweit im Restaurant, dann gebietet es die Höflichkeit, den Tischpartner zu informieren; schon weil Sie ihn oder sie allein am Tisch sitzen lassen. Es genügt eine kurze Information: „Entschuldigen Sie bitte", „Entschuldige bitte, ich bin gleich wieder da." Wenn Sie aufstehen, schieben oder heben Sie den Stuhl leicht und möglichst geräuschlos zurück.

Die richtige Sitzhaltung

Alles will gelernt sein, selbst die Sitzhaltung bei Tisch. Kein Grund zu verkrampfen: Es wird bekanntlich nichts so heiß gegessen, wie es gekocht wird. Nachfolgend daher lediglich einige Richtlinien, wie man sitzt und wo man die Hände lässt:

■ Gerade und ruhig auf dem Stuhl sitzen, den Stuhl nicht hin- und herrücken. Die Hände gehören auf und nicht unter den Tisch; auch sollte man die Ellenbogen nicht aufstützen oder am Tisch lümmeln. Hat die linke Hand Pause, ruht sie auf der Tischkante. In anderen Ländern, z. B. einigen asiatischen, gilt die linke Hand als unrein und kommt deshalb nicht auf die Tafel, sondern bleibt auf dem Schoß (siehe auch S. 22).

■ Die Finger ruhig halten, nicht auf den Tisch trommeln oder mit den Besteckteilen spielen.

■ Die Beine geschlossen nebeneinander stellen; nicht gestreckt, überkreuzt oder übergeschlagen. Die Füße bleiben ruhig und wippen nicht im Takt mit der Musik.

■ Auch wenn die Schuhe noch so drücken, während des Essens zieht man sie nicht aus.

RAUCHEN GESTATTET?

Die Frage, ob Rauchen während des Essens erlaubt ist, kann mit einem eindeutigen Nein beantwortet werden. Bis zum Mokka oder Kaffee sollte nicht geraucht werden.

Im kleinen, familiären Kreis kann das anders gehandhabt werden, wobei zu überlegen ist, ob die Geschmacksnerven nach Tabakgenuss die Speisen noch hundertprozentig aufnehmen. Auch im engen Bekanntenkreis wird sich der Raucher immer erst erkundigen, ob er rauchen darf. Weiß er von vornherein, es ist nicht erwünscht, wird er so viel Toleranz zeigen und nicht im selben Raum rauchen.

Nach dem Essen richtet ein guter Gastgeber es ohnehin ein, dass die Raucher zum Zug kommen. Wollen die Gastgeber nicht, dass in der Wohnung geraucht wird, ist es absolut in Ordnung und legitim, das den Gästen zu sagen, vielleicht vorweg schon in der Einladung anzudeuten: „Bitte haben Sie Verständnis dafür, dass bei uns zu Hause nicht geraucht werden soll."

Fehl am Platz: der Apfelbutzen im Aschenbecher

So isst man
schwierige Speisen

Die gestrengen Regeln für das korrekte Essen verschiedenster Speisen und Gerichte sind längst aufgeweicht, wie sich am weich gekochten Frühstücksei schön illustrieren lässt. Schieden sich früher die Benimmgeister an der Frage: köpfen oder pellen? darf man das inzwischen halten, wie man will. Hauptsache, das Ei wird nicht mit dem Silberlöffel ausgelöffelt, der nicht nur unschön schwarz anläuft, sondern auch den Geschmack beeinträchtigt. Erlaubt ist, wenn auch nicht alles, so doch immer mehr. Die meisten Speisen in einer Menüfolge sind ohnehin so zubereitet, dass sie mit den gängigen Besteckteilen Messer, Gabel, Löffel verspeist werden können.

Keine Angst vor Hummer und Co.

Werden spezielle Besteckteile benötigt, zählt das Gedeck als Spezialgedeck. Sollten Sie nicht wissen, was Sie vor sich auf dem Teller haben, was daran essbar ist und was nicht, geschweige denn, wie man es mit dem vorhandenen „Werkzeug" isst, zögern Sie nicht, den Gastgeber oder das Service-Personal im Restaurant zu fragen. Es wäre in jedem Fall schade, wenn das gute Essen unberührt auf dem Teller bliebe, weil Sie nicht wissen, wie es fachgerecht zerlegt und verspeist wird.

Im Zweifelsfall: fragen Sie!

Die Sache mit der Fingerbowle

Manche Speisen darf man nicht nur, sondern soll man mit den Fingern bearbeiten. Dazu wird dann eine *Fingerbowle* oder *Fingerschale* serviert: Das ist eine kleine Glas- oder Metallschale, die mit Wasser (höchstens zu zwei Dritteln) gefüllt ist. Sie steht meist auf einem Mittelteller, zwischen Fingerbowle und Mittelteller liegt eine Mundserviette, die auch benutzt werden darf. Je nach Einsatz gehört in die Fingerbowle kaltes oder warmes Wasser: warmes Wasser und Zitronenscheibe bei allen fettigen Speisen. Pro Person wird eine Fingerbowle eingesetzt, und zwar bevor das Essen aufgetragen wird.

Was bei einigen Speisen erlaubt ist: die Sache im wahrsten Sinn des Wortes in die Hand zu nehmen, gilt bei anderen als ausgesprochener Fauxpas. Kleine Knochenreste, Oliven- und andere Kerne werden weder mit der Hand aus dem Mund geholt noch ausgespuckt. Wer's ganz korrekt machen will, führt Gabel oder Löffel zum Mund und hält die andere Hand diskret davor. Knochenreste, Kerne und so weiter werden auf das Besteck gegeben und unauffällig auf den Tellerrand befördert. Gräten darf man (ebenfalls hinter vorgehaltener Hand) mit den Fingern aus dem Mund fisseln.

VON ARTISCHOCKE BIS ZWIEBELSUPPE

Nachfolgendes kleines Abc stellt selbstredend nur eine Auswahl dar, bei der gängige „Problemspeisen" berücksichtigt sind. Vorweg noch eine Abbitte an alle Linkshänder: Um die Sache nicht unnötig zu komplizieren und den Text nicht über Gebühr in die Länge zu ziehen, gehen die Erläuterungen immer von einem Rechtshänder aus. Linkshänder müssen jeweils umdenken.

ARTISCHOCKE

Essbar: Blätter und Boden

Messer und Gabel spielen hier eine Nebenrolle, es darf mit den Fingern gegessen werden. Die *Artischocke* mit der linken Hand halten, die Artischockenblätter mit der rechten Hand einzeln abzupfen. Das untere fleischige Ende wird in die Sauce getunkt und genüsslich (aber ohne Geräusche) ausgelutscht, den Rest der Artischockenblätter auf den Abfallteller legen.

Sind alle Blätter abgegessen, reinigt man die Finger in der Fingerbowle. Mit Messer und Gabel entfernen Sie das Heu vom Artischockenboden. Der Artischockenboden lässt sich mit Messer und Gabel zerlegen, der Strunk bleibt auf dem Teller.

Arti-schocken

AUSTERN

Gleich noch eine Ausnahme: Es darf geschlürft werden. Eine geöffnete *Auster* in die linke Hand nehmen, mit der Schneidseite der Austerngabel das Fleisch am *Austernpunkt* lösen. Mit Salz, Pfeffer aus der Mühle oder Tabasco und Zitronensaft würzen. Das Muschelfleisch wird zusammen mit dem Salzwasser aus der Muschelschale geschlürft. Leere Muschelschale auf den Abfallteller legen und die Finger in der Fingerbowle reinigen.

Schlürfen erlaubt

AVOCADO (GEFÜLLT)

Die halbierte und gefüllte *Avocado* wird auf dem Mittelteller serviert. Mit der Mittelgabel (alternativ mit der linken Hand) die Avocado festhalten und mit einem Löffel (rechte Hand) die Avocado auslöffeln.

Spezialität aus Marseille

Die *Bouillabaisse* ist eine leckere (süd-)französische Fischsuppe, in der neben Gemüse, Knoblauch, Pfefferkörnern, Nelken, Zwiebeln, eventuell etwas Safran noch ganze Fische (samt Kopf und Schwanz) schwimmen können. Je nach Zubereitung enthält sie auch Muscheln und andere Meerestiere. Zur Bouillabaisse wird Weißbrot gereicht. Serviert wird die Suppe in einer höheren Suppenschüssel oder einem tiefen Suppenteller. An Besteck brauchen Sie: einen Suppenlöffel, Fischgabel und Fischmesser. Mit dem Fischbesteck werden größere Fischteile zunächst zerkleinert. Mit dem Löffel wird die Suppe ausgelöffelt. Muscheln nimmt man mit dem Löffel aus dem Teller und isst sie dann mit den Fingern. Sie können das Muschelfleisch mit der Gabel auslösen oder mit einer anderen Muschelschale (siehe dazu auch: *Miesmuscheln)*. Eine Fingerbowle gehört zur Bouillabaisse auf den Tisch, auch ein Gräten- und Abfallteller darf nicht fehlen.

COCKTAILS VON KRUSTENTIEREN

Verschiedene ausgelöste Krustentiere mit einer Majonäsensauce werden in einer Glasschale serviert. Der Cocktail wird mit dem Vorspeisenbesteck, genauer mit Vorspeisengabel und Vorspeisenlöffel, gegessen. Dazu gibt es Weißbrot und Butter.

CREVETTEN (GARNELEN)

Crevetten werden mit den Fingern ausgepult. Mit der linken Hand hält man den Crevettenkopf fest, mit der rechten die Crevette am Schwanz greifen. Das Schwanzende gegen den Crevettenkopf biegen, sodass der Rückenpanzer bricht. Den Schwanzpanzer abziehen und das Fleisch auslösen. Vorsicht Spritzgefahr: Um zu vermeiden, dass die Kleidung beim Pulen etwas abbekommt, empfiehlt es sich, eine (Hummer-)Serviette (ausnahmsweise) um den Hals zu binden.

Kiwis werden halbiert und mit dem Kaffee-
löffel ausgelöffelt. Die dekorative *Kap-
stachelbeere (Physalis)* greift man am
Stiel und zupft die kleine, orangefar-
bene Frucht ab, die ganz gegessen wird.
Die papierähnliche Hülle bleibt auf dem
Teller. Bei *Mangos* schneidet man der Länge
nach (mit der Schale) Spalten und löst sie vom
Stein. Die Scheiben schält man und verspeist das
Fruchtfleisch mit Messer und Gabel.

Physalis

   Zwergorangen (Kumquats) schiebt man ganz in den
Mund. Die *Sternfrucht (Karambole)* wird in Scheiben
geschnitten serviert. Die Scheiben zerkleinert man mit
Messer und Gabel – die dünne Schale der Frucht wird
mitgegessen. *Papayas* werden der Länge nach halbiert.
Die Kerne entfernt man mit dem Messer und schält dann
die Papayahälften.

   Auch *Honig-* oder *Ogenmelonen* halbiert man und entfernt (bei reifen Früchten am einfachsten mit einem
Löffel) die Kerne. Die Melonenhälften lassen sich auslöf-

Melonen

feln oder – in Tranchen geschnitten – mit Messer und Gabel schneiden. Bei der *Wassermelone* sind die Kerne im Fruchtfleisch – so man sie nicht mitessen will, entfernt man sie mit der Gabel.

Grapefruits werden meist halbiert serviert. Das Fruchtfleisch lässt sich am besten mit einem Grapefruitmesser (vorn nach oben gebogenes Messer mit Schneidezähnen rundum) auslösen.

FERNÖSTLICHES MIT STÄBCHEN

Riskieren Sie es doch einfach mal, mit Stäbchen zu essen, wenn Sie fernöstlich, vorzugsweise chinesisch essen gehen. Die Suppe darf gelöffelt werden, alles andere lässt sich mit Stäbchen vom Teller in den Mund befördern.

Die Stäbchen werden mit der rechten Hand geführt. Dazu ein Stäbchen zwischen Daumen und Zeigefinger nehmen, das andere Ende zwischen Ring- und Mittelfinger fixieren. Das zweite Stäbchen wird zwischen Daumen, Zeigefinger und Mittelfinger bewegt.

Nicht verzweifeln: Millionen von Menschen essen täglich mit Stäbchen. Weltweit jedenfalls mehr als mit Messer und Gabel. Im Übrigen sind Stäbchen ausnahmsweise ein Besteck, bei dem Rechts- und Linkshänder absolut gleichberechtigt sind.

Essen mit Stäbchen

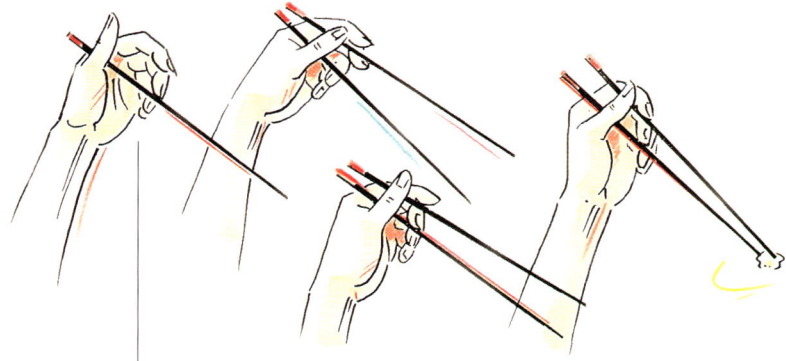

FOLIENKARTOFFELN

Die Kartoffel in der Folie als Beilage erfreut sich längst nicht nur im Steakhouse als *Baked Potato* großer Beliebtheit. Für Folienkartoffeln besonders geeignet sind große Kartoffeln mit dicker Schale. Die Kartoffelpelle wird deshalb nicht mitgegessen.

Man stützt die Folienkartoffel mit der linken Hand, mit der Gabel oder einem (kleinen) Löffel, rechts geführt, isst man Kartoffel mit Dressing.

Apropos Kartoffel: Pellkartoffeln dürfen ohne weiteres mit dem Messer geschnitten und mit der Gabel zerdrückt werden, um die Sauce besser aufzunehmen.

GUT ZU WISSEN

Was sich mit der Gabel zerteilen lässt, sollte man auch nur mit der Gabel zerkleinern; z. B. weiches Gemüse, Klöße, Knödel, Kroketten.

FONDUE

■ Käsefondue

Mundgerechte Brotstücke mit der Fonduegabel aufspießen und in den Fonduetopf halten. Dabei den geschmolzenen Käse um das Brotstück wickeln, möglichst ohne Brot samt Käse im Fonduetopf zu verlieren. Dann auf den Teller geben. Mit der (normalen) Gabel von der Fonduegabel abziehen. Wichtig: die Fonduegabel nie direkt in den Mund nehmen. Erstens würde man sich den nur verbrennen und zweitens wäre es wenig hygienisch, die Gabel mit dem nächsten Brotstück wieder in den Topf zu stecken.

■ Fleischfondue *(Fondue Bourguignonne)*

Das Fleisch in mundgerechte Stücke oder Würfel schneiden. Mit der Fonduegabel aufspießen und in den Fonduetopf halten. Wenn das Fleisch gar ist, aus dem Öl nehmen und mit Hilfe einer Gabel von der Fonduegabel auf den Teller schieben. Auch hier gilt: die Fonduegabel nicht als Essbesteck benutzen, da die Zinken sehr heiß werden und Sie sich die Zunge verbrennen könnten.

Fondue-
siebe für
das Fondue
Chinoise

■ Chinesisches Fondue *(Fondue Chinoise)*

Statt Öl kommt Hühnerbouillon in den Fonduetopf. In kleinen Fonduesieben werden dünn geschnittene Fleischstückchen, verschiedene Gemüsesorten, nach Wunsch Pilze, in die Bouillon gegeben. Sind die Speisen gar, werden sie herausgenommen und mit Messer und Gabel verzehrt. Besondere Köstlichkeit: Sind alle mit dem Essen fertig, wird die Bouillon in Suppentassen umgefüllt und serviert.

FORELLE BLAU

GUT ZU WISSEN

Nicht jeder Fisch wird mit Fischbesteck gegessen; für Matjes, Rollmöpse und Räucherfische mit festem Fleisch verwendet man normales Besteck.

Sie können sich die *Forelle* im Restaurant wahlweise von der Bedienung zerlegen lassen oder sie selbst filetieren. In diesem Fall nehmen Sie mit der linken Hand die (Fisch-)Gabel und halten den Fisch damit auf dem Teller. Als erstes trennen Sie die Flossen sorgfältig ab und geben sie auf den Abfallteller. Mit dem Fischmesser ritzen Sie am Rücken oben vom Kopf zum Schwanz die Haut ein und lösen das Fleisch oberhalb der Gräte leicht ab (1). Die Haut mit Fischmesser und Fischgabel abziehen (2). Das Filet hinter dem Kopf und vor dem Schwanzende einschneiden, sodass es sich von der Mittelgräte abheben bzw. zur Seite wegschieben lässt (3). Auf die Seite oder einen extra Teller legen.

Die freiliegende Mittelgräte kann jetzt samt Schwanz und Kopf mit Fischmesser und -gabel abgehoben und auf den Abfallteller gelegt werden (4). Am Kopf sollten Sie die sogenannten *Bäckchen* hinter den Kiemen vorher auslösen. Sie gelten als Delikatesse! Jetzt noch das untere

Forelle filetieren

(1)   (2)

(3)   (4)

Filet herumdrehen und die Haut abziehen – fertig.

Während bei der *Forelle Blau* (im Sud pochiert) die Haut gemeinhin nicht mitgegessen wird, sollte man sich das bei gebackener Forelle oder *Forelle Müllerin* (mit Mandeln in der Pfanne gebraten) nicht entgehen lassen.

GEFLÜGEL

Geflügelkeulen dürfen grundsätzlich in die Hand genommen werden. Dazu sollte die Keule allerdings eine Manschette haben, damit die Finger nicht allzu fettig werden. Abgegessene Knochen auf den Knochen- respektive Abfallteller legen und nach dem Essen die Finger in der Fingerbowle reinigen. Hühnerbrust, zerlegtes oder auch an einer Sauce serviertes Geflügel wird ganz regulär mit Messer und Gabel gegessen.

HUMMER

Innerhalb einer Menüfolge wird der Hummer in aller Regel halbiert oder bereits ausgelöst serviert, sodass er problemlos mit Messer und Gabel bewältigt werden kann. Bestellen Sie allerdings einen ganzen Hummer, ist es durchaus möglich, dass sie das gute Stück unausgelöst vorgesetzt bekommen. In diesem Fall atmen Sie tief durch und binden Sie sich zuallererst eine große Hummerserviette um den Hals.

Bevor Sie Hand anlegen: Liegt das richtige Besteck samt Zubehör parat? Sie brauchen: Messer und Gabel, eine Hummerzange, eine Hummergabel, eventuell einen Saucenlöffel. Außerdem: einen Extrateller für Schalen und sonstige Abfälle, eine Fingerbowle, damit Sie zwischendurch die Hände reinigen und ohne Gefahr fettiger Fingerabdrücke zum Weinglas greifen können.

GUT ZU WISSEN

Im Restaurant wird Hummer meist nach Gewicht abgerechnet.

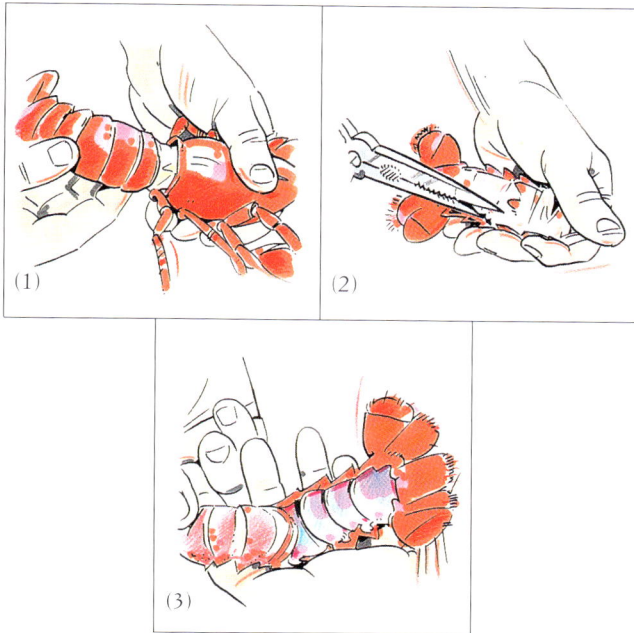

(1)

(2)

(3)

Greifen Sie den Hummerkörper mit der linken Hand und drehen Sie mit der rechten Hand den Schwanz ab (1). Der Hummerkörper wandert auf den Abfallteller, es sei denn, Sie wollen vorher den dunklen *Corail* oder *Rogen* essen – eine Delikatesse, die aber nicht jedermanns Sache ist. Beine, Scheren und Schwanz enthalten das begehrte Hummerfleisch.

Den Hummerschwanz schneiden Sie an der Unterseite der Länge nach ein und lösen das Fleisch aus (2 + 3). Um die Scheren zu knacken, setzen Sie die Hummerzange in der Mitte an und brechen sie auf, das Fleisch lässt sich mit der Hummergabel auslösen. Die Hummerbeinchen mit den Fingern im Gelenk ausbrechen und am „Fußende" mit der Zange aufknipsen, sodass das Fleisch mit der Hummergabel herausgezogen werden kann. Die Beinchen dürfen auch ausgesaugt werden. Zum Hummer gibt es Weißbrot, Butter, Zitrone, Majonäse und Salz.

KAVIAR

Nach wie vor eine teure Delikatesse: echter *Kaviar*. Und wie es sich für etwas Besonderes gehört, wird Kaviar auch auf besondere Weise serviert: in Kaviar-Schälchen auf gestoßenem Eis. Mit dem Kaviarlöffel gibt man den Kaviar auf den Teller oder direkt auf Toast- oder Schwarzbrot.

Kaviar mit Pellkartoffeln verspeist man mit der Gabel. Gern wird Kaviar auf *Blinis* gegessen. Das sind kleine Pfannkuchen aus Buchweizenmehl. Auch dazu nimmt man Messer und Gabel. Gleiches gilt für Kaviar auf Reibekuchen und Sauerrahm.

Eine weitere Serviervariante ist die mit gehacktem Ei (Eigelb und Eiweiß getrennt), Zwiebeln, Zitronen, Toast und Butter.

Eingefleischte Kaviarfans genießen den Kaviar am liebsten pur.

GUT ZU WISSEN

Wie der Hummer wird die Portion Kaviar nach Gewicht berechnet. Wird Ihnen im Restaurant eine ganze Dose Kaviar auf Eis präsentiert, sollten Sie sich überlegen, ob Sie die Dose wirklich leer essen wollen.

KREBSE

Am besten binden Sie sich zuerst eine große Serviette oder, so vorhanden, eine Krebsserviette um den Hals. Im Prinzip funktioniert's wie beim Hummer: Sie nehmen den Krebskörper in die linke Hand. Mit der rechten packen Sie den Krebsschwanz und drehen ihn abwechselnd nach links und rechts, bis der Panzer bricht. Den Schwanzpanzer unten der Länge nach aufschneiden und das Fleisch auslösen.

Zweite Etappe: Die Krebsbeine in die linke Hand nehmen. Mit dem Loch im Krebsmesser, das mit der rechten Hand geführt wird, die Beinspitzen abbrechen, sodass sich das Fleisch besser aussaugen lässt. Das Gleiche machen Sie bei den Scheren. Abfälle gehören auf den Abfallteller. Die Finger werden anschließend in der Fingerbowle gereinigt. Zu Krebsen reicht man Toast oder Weißbrot und Butter.

Krusten-
tiere:
1 – Lan-
guste
2 – Hum-
mer
3 – Scampi
4 – Fluss-
krebse
5 – Tiefsee-
garnelen
6 – Nord-
seekrabben

LAMMKOTELETTS/KOTELETTS ALLGEMEIN

Mit Messer und Gabel arbeitet man sich an den Knochen heran. Der Knochen darf in die Hand genommen werden, um Fleischreste abzunagen – damit es keine Fettfinger gibt, gehören dafür kleine Papiermanschetten um die Knochenenden.

Eine festliche Serviervariante im Restaurant ist die *Lammkrone.* Der gebratene Lammrücken wird zu einer (runden) Krone zusammengebunden, die Knochenenden stehen, mit Papiermanschetten ummantelt, nach oben weg. Die filetierten Rückenstücke kann der Gast an der Manschette greifen und verspeisen.

Vorsorge ist billiger als Reinigung, deshalb zuerst eine große (Hummer-)Serviette um den Hals binden. Mit der linken Hand den Langustenkörper greifen und mit der rechten den Langustenschwanz abdrehen. An der Unterseite der Länge nach einschneiden, das Fleisch auslösen und essen. Die Beine im Gelenk ausbrechen. Die Scheren mit der Hummerzange aufbrechen.

Die Beine am „Fußende" mit der Hummerzange aufknipsen, damit sich das Fleisch mit der Hummergabel besser herauslösen lässt. Der Langustenkörper ist nicht essbar. Alle Abfälle und Panzerschalen auf den Abfallteller legen. Die Finger in der Fingerbowle reinigen.

Übrigens: Weißbrot, Toast, Butter, Zitrone und Majonäsensauce passen am besten zu Langusten.

MAISKOLBEN

Eine Leib- und Magenspeise der Amerikaner und mit dem richtigen Werkzeug problemlos zu essen. Sie brauchen: zwei kleine Maiskolbengabeln. Mit diesen Gabeln pieksen Sie den Maiskolben an beiden Enden auf und knabbern die Maiskörner ab. Der Strunk bleibt auf dem Teller liegen.

Besonders gut schmecken Maiskolben gesalzen und gebuttert – was das appetitliche Verzehren erschwert, da das Ganze dann entsprechend fetttriefend ist und sich Reste gern zwischen den Zähnen festsetzen. Da hilft nur: nach dem Essen mit Zahnstochern bewaffnet diskret auf die Toilette zurückziehen.

MUSCHELN (MIESMUSCHELN)

Gibt es nicht zu viel Sud, werden Muscheln gern in einer großen Muschelschale serviert. Wählen Sie eine Muschel und lösen Sie mit der Gabel das Muschelfleisch aus. Dabei halten Sie die Muschel mit der linken Hand. Für den Rest des Essens brauchen Sie kein Besteck: Die leere

Muschelschale dient nun als Zange, um aus den anderen Muscheln das Fleisch zu lösen. Sollte keine Gabel eingedeckt sein, suchen Sie sich einfach eine leere Muschelschale aus dem Topf. Das ausgelöste Muschelfleisch wird mit der zur Zange umfunktionierten Muschel zum Mund geführt. Leere Muschelschalen gehören auf den Abfallteller, der ausreichend groß sein sollte. Sind alle Muscheln verzehrt, sollte man die Finger in der Fingerbowle säubern, bevor man mit dem Löffel den Muschelsud auslöffelt.

Zum Muschelsud wird gern Vollkornbrot oder Weißbrot mit Butter gereicht.

Raclette

Eine Käsespezialität aus der Schweiz. In Schweizer Restaurants wird ein halbes Käserad in einen speziellen *Raclette-Ofen* geklemmt. Der Ofen gibt Wärme auf die Käsefläche, der Käse schmilzt und lässt sich mit einem Holzspatel auf Teller abstreifen. Dazu schmecken Gewürzgürkchen und kleine Pellkartoffeln, die der Genießer komplett mit Schale verzehrt. Das Procedere wird wiederholt – je nachdem, wie viele „Servings" der Gast bestellt hat.

In Schweizer Restaurants ist in der Speisekarte gelegentlich extra angegeben, wie viele Käseportionen respektive Abstriche vom Raclette-Käse im Preis enthalten sind. Findet sich dazu keine Angabe, dürfen Sie so viel essen, wie sie wollen respektive können.

Um zu vermeiden, dass die Teller vertauscht werden (wenn Käse nachgereicht wird), werden oft Teller mit unterschiedlichem Dekor oder nummerierte Teller für einen Tisch verwendet.

Für den Hausgebrauch sind mittlerweile Raclettegeräte mit Pfännchen verbreitet. Der Käse wird dort portionsweise bzw. in Scheiben auf die Pfännchen gegeben und individuell belegt.

Wie kriegt man Fleisch und andere aufgespießte Köstlichkeiten ohne Malheur vom Spieß? Sie fassen den Spieß mit der linken Hand am oberen Ende, setzen das andere Ende locker auf dem Teller auf und schieben mit der Gabel die aufgespießten Teile vorsichtig eins nach dem anderen auf den Teller.

SCHNECKEN

■ im Gehäuse

Sie nehmen die Schneckenzange in die linke Hand und greifen damit ein Schneckengehäuse, sodass die Öffnung zu Ihnen zeigt. Mit der rechts geführten Schneckengabel das Schneckenfleisch aus dem Gehäuse angeln. Dann die Kräuterbutter aus dem Gehäuse auf (Weiß)Brotscheiben träufeln. Linkshänder sollten die Schneckenzange andersherum greifen.

■ im Pfännchen

Weißbrotscheibe in die rechte Hand nehmen. Mit der Schneckengabel, die links geführt wird, das Schneckenfleisch aus der Schneckenpfanne herausnehmen und zum Mund führen. Mit dem Weißbrot die Kräuterbutter auftunken.

SPARGEL

Mit Messer und Gabel oder mit den Fingern

Spargel isst man heute mit Messer und Gabel, das delikate Gemüse darf zwischenzeitlich auch mit dem Messer geschnitten werden. Gourmets alter Schule essen Spargel mit den Fingern. Dazu eine Spargelstange mit der rechten Hand am Ende fassen. Mit der linken Hand Gabel oder Spargelhalter stützend unter den Spargel halten. Der Spargelkopf wird als erstes abgebissen, die restliche Spargelstange dann nicht wieder auf den Teller gelegt, sondern Stück für Stück abgebissen. Nach dem Spargelessen die Hände in einer Fingerbowle reinigen.

SPAGHETTI

Das Lieblingsessen vieler kleiner Gäste, aber auch vieler Erwachsener. Die Gabel ausnahmsweise in die rechte Hand nehmen, einen (Ess-)Löffel in die linke, Könner wickeln die Spaghetti nur mit der Gabel auf. Mit den Zinken der Gabel ein, zwei Spaghetti erwischen (sonst wird der „Ballen" auf der Gabel zu dick). Die Zinken gegen den Tellerrand halten und die Gabel drehen, sodass sich die Spaghetti aufwickeln. Die Zinken der Gabel dabei immer wieder leicht anheben, damit die gewickelten Spaghetti nach hinten rutschen und nicht von der Gabel flutschen. Spaghetti werden im Suppenteller serviert.

Spaghetti: richtig gewickelt

Ein Suppenlöffel, mit der linken Hand geführt, kann den Tellerrand ersetzen. Dann werden die Spaghetti im Löffel aufgedreht.

Es versteht sich von selbst, dass Spaghetti nicht der Länge nach vom Teller in den Mund geschlürft werden…

SPARERIBS

Spareribs können mit Messer und Gabel verzehrt werden, leichter tut man sich, wenn man sie in die Hand nimmt und abnagt – was durchaus erlaubt ist. Anschließend ist die Fingerbowle dann allerdings vonnöten.

SUPPE

Suppe isst man mit dem Suppenlöffel, der mit der rechten Hand geführt wird. Die Spitze – also nicht die Breitseite – des (Ess-)Löffels wird in den Mund geschoben. Aus einer Suppentasse darf der letzte Rest ausgetrunken werden; die Tasse an den Henkeln halten und die Suppe (ohne Schlürfen und sonstige Nebengeräusche versteht sich) austrinken. Will man den Suppenteller bis zur Neige leeren, hebt man ihn auf einer Seite leicht an, sodass sich der Suppenrest auf der anderen sammelt und leicht ausgelöffelt werden kann.

Gibt es eine Suppe mit Blätterteighaube, sollten Messer und Gabel eingedeckt werden, damit die Haube aufgeschnitten werden kann.

Entenkraftbrühe unter der Blätterteighaube

WEISSWURST

Weißwurst darf zwischenzeitlich – auch in Bayern – mit Messer und Gabel bearbeitet werden. Mit dem Messer die Wurst der Länge nach aufschlitzen. Mit der Gabel hält man ein Ende fest und schiebt mit dem Messer die Wurst aus der Pelle. Dazu gibt's süßen Senf und Brot.

Übrigens: Die Weißwurst soll das Mittagsläuten nicht mehr hören, heißt es in Bayern, also vor 12 Uhr verspeist sein.

Auf der heißen Zwiebelsuppe schwimmt geröstetes Weißbrot, obendrauf gibt man geriebenen Parmesankäse und lässt ihn leicht anschmelzen. Mit dem Löffel in der rechten und der Gabel in der linken Hand wird die berühmte Suppe ausgelöffelt, das aufgeweichte Weißbrot dabei mit der Gabel in der Suppentasse mundgerecht zerteilt.

Zwiebel-suppe

*Stressfrei und
souverän*

GÄSTE
BEWIRTEN

Kleine Menükunde

Ab drei Gängen aufwärts gilt ein Essen als *Menü*. Die Zahl der Gänge lässt sich natürlich steigern – je nach den Möglichkeiten der Küche und des Geldbeutels. Ein Menü mit mehr als sieben Gängen dürfte allerdings auch geübte Amateure überfordern. Abgesehen von der Zeit für Vorbereitung und Kochen würde sich auch das Essen über Gebühr in die Länge ziehen. Pro Gang sollte man sich zwischen 20 und 30 Minuten Zeit lassen, dazu zwischen den Gängen eine Pause einlegen: als Faustregel gelten 10 bis 15 Minuten. Vor dem Nachtisch, wenn der Magen schon angenehm gesättigt ist, darf man ruhig etwas länger warten. Rechnet man die Zeit zusammen, lässt sich schnell sehen, dass für ein großes Menü vor allem eines eingeplant werden muss: viel Zeit.

Die realistische Obergrenze eines selbstgekochten Menüs für mehrere Gäste liegt bei maximal vier bis fünf Gängen, und das erfordert bereits eine fast generalstabsmäßige Planung und Vorbereitung.

Die Zusammenstellung des Menüs

Bevor Sie anfangen, Kochbücher zu wälzen, sollten Sie die Rahmenbedingungen abklären, die für die Wahl der Speisen eine Rolle spielen. Das sind zunächst: Anlass, Zahl und Zusammensetzung der Gäste.

Der Anlass

Es versteht sich von selbst, dass die Gerichte zum Anlass und dem Rahmen der Einladung passen sollten. Einen Hummercocktail an Blattspinat wird man nicht zur „rustikalen" Einzugsparty servieren und den deftigen Eintopf nicht als Hauptgang im Festmenü zum 70. Geburtstag – es sei denn, es handelt sich dabei um die Leib- und Magenspeise des Jubilars.

Es soll jedem Gast schmecken, jeder Gast soll satt werden. Speisen, von denen man annehmen kann, dass mehrere Gäste sie nicht gern essen, sollte man tunlichst nicht auf den Menüplan setzen. Dazu gehören, auch wenn sie dem Gastgeber noch so gut schmecken:

- Innereien,
- Lamm,
- Fischgericht als Hauptgang,
- sehr scharf gewürzte exotische Speisen.

Senioren schätzen oft leicht verdauliche Kost. Sind Kinder und Jugendliche eingeladen, braucht man zwar nicht das ganze Menü auf typische Lieblingsgerichte wie Pizza, Teigwaren aller Art, Hamburger mit Pommes Frites etc. abzustellen, es empfiehlt sich aber, einzelne Speisen als Beilage oder Gericht in der Menüfolge einzuplanen. Alkohol im Essen sollte man vermeiden oder auf ein Minimum reduzieren.

Striktes Alkoholverbot gilt für Muslime, die außerdem kein Schweinefleisch essen. Schweinefleisch ist auch für Juden tabu. Sie dürfen nur koschere und koscher zubereitete Speisen essen. Strenge Vegetarier lehnen nicht nur Fleisch, sondern auch tierische Produkte wie Eier, Milch und Milchprodukte ab.

Einschränkungen aus gesundheitlichen Gründen, z.B. bei Diabetikern, sollte man unbedingt berücksichtigen. Wenn Sie unsicher sind, fragen Sie die betroffenen Gäste im Vorfeld, was sie essen können und was nicht.

Generell verzichten sollte man auf Gerichte, die in unserem Kulturkreis verpönt sind. Dazu gehören

- Gänseleberpastete,
- Singvögel,
- Froschschenkel,
- Schildkrötensuppe,
- Haifischflossensuppe.

Wer auf Nummer Sicher gehen will, streicht auch umstrittene Gerichte aus dem Menü, also etwa Rindfleisch in einer Zeit, in der das Thema Rinderwahnsinn heftig diskutiert wird. Und last but not least: Wählen Sie Speisen, die mit dem üblichen Tafelbesteck verzehrt werden können. Das erspart Ihnen und Ihren Gästen Stress.

SPEISENFOLGE IM MENÜ

Die Grundbestandteile eines Menüs sind:

- Vorspeise oder Suppe,
- Hauptgang,
- Dessert.

Der Hauptgang bildet den Höhepunkt im Menü. Bei der Menüzusammenstellung sollte man deshalb mit dem Hauptgang beginnen und alle anderen Gänge darauf abstimmen.

Der Hauptgang setzt sich aus mindestens drei Komponenten zusammen:

- Fleisch, Fisch, Geflügel oder Wild,
- Gemüse,
- Beilagen wie Reis, Kartoffeln, Nudeln. Dazu kann es Saucen, Dressings, eventuell Salat und Garnituren geben.

Die verschiedenen Komponenten werden auf dem Teller so angerichtet, dass das Fleisch (respektive Geflügel oder Wild) zum Gast zeigt, bei vegetarischen Gerichten analog der zentrale Bestandteil des Hauptgangs: Je mehr Gänge das Menü hat, desto mehr Vorspeisen sind dem Hauptgang vorgeschaltet.

Im 8-Gang-Menü sind im Prinzip alle Standardgänge vertreten, weshalb es hier als Muster für den klassischen Menüaufbau dient:

Kalte Vorspeise

✪

Suppe

✪

Warme Vorspeise

✪

Sorbet

Hauptgang

✪

Käse

✪

Dessert

✪

Mokka

Die Reihenfolge der Speisen im klassischen Menüaufbau folgt vergleichsweise festen Regeln; es wird eine warme Vorspeise nicht vor der kalten serviert, die Suppe nicht vor der kalten Vorspeise. Sorbet wird stets vor dem Hauptgang gereicht, es macht sozusagen den Gaumen frei für den Hauptgang.

Nach dem Hauptgang folgt als krönender Abschluss noch das Dessert. Bei mehrgängigen Menüs kann es auch aus zwei Gängen bestehen, nämlich aus Käse und Süßspeise oder Obst.

Eine alte Redensart besagt zwar, dass Käse den Magen schließt, in der Menüfolge wird er aber trotzdem vor der Süßspeise serviert. An letzter Stelle im Menü steht der Mokka, der – wiewohl ein Getränk – als Speisengang gezählt werden kann.

GUT ZU WISSEN

Das Sorbet ist eine Mischung aus Fruchtmark, Zucker und Fruchtsaft, Champagner oder Wein in weichgefrorenem Zustand.

Je mehr Gänge das Menü hat, desto kleiner sollten die Portionen je Gericht ausfallen. In der Gastronomie gibt es dafür Richtwerte, die man sich leicht merken kann: Bei drei Gängen reduziert sich die Portion um 30 Prozent, bei vier um 40 Prozent und ab fünf um 50 Prozent.

Legt man für Fleisch beispielsweise rund 200 Gramm als Menge zugrunde, die (mit Beilagen) in einem Einzelgericht sättigt, so wären das bei einem dreigängigen Menü 160 Gramm, bei vier Gängen 140 Gramm und ab fünf Gängen noch 100 Gramm.

Abstimmen sollte man je nach Zahl der Gänge nicht nur die Größe der Portion, sondern auch die Mächtigkeit der Speisen. Bei einem opulenten Mahl wird man entsprechend eine klare Suppe wählen, die weniger sättigt als eine mit Mehl gebundene, die obendrein mit Sahne verfeinert ist.

Tomaten-consommé mit Ravioli

Die Kunst des Kochs oder der Köchin zeigt sich in der Komposition eines in sich stimmigen und zugleich abwechslungsreichen Menüs.

Die Gänge sind aufeinander abgestimmt; Zutaten (Rohstoffe), Aromen, Zubereitungsarten und Farben sollten sich nicht wiederholen. Gibt es als Vorspeise schon *Geflügelragout in Blätterteigpastete,* wird man als Hauptgang nicht nochmals Huhn auftischen. Oder: Wenn als Vorspeise Schinken in Brotteig serviert wird, dann sollte als Hauptgang nicht *Rinderfilet Wellington* (in Blätterteig) folgen.

Das Menü sollte sich von Gang zu Gang steigern: in der Mächtigkeit der Speisen (von leicht zu schwer) und geschmacklich (vom Leichtgewürzten zum Würzigen). Auch preislich darf der Hauptgang einen Höhepunkt darstellen.

WAS TRINKT MAN DAZU?

MACHT APPETIT: DER APERITIF

Der Aperitif verkürzt die Wartezeit vor dem Essen und soll den Appetit anregen; er eröffnet sozusagen das Menü. Man unterscheidet trockene, fruchtige und bitteraromatische Aperitifs. Aus der breiten Palette seien nur einige aufgezählt:

■ trockene Schaum- und Südweine: *Champagner,* Sekt, Weißwein, *Sherry, Madeira* und *Portwein,*

Martini dry

■ weinhaltige Aperitifs wie *Martini, Dubonnet, Cinzano,*

■ Bitter-Aperitifs wie *Cynar, Campari, Rossi,*

■ Aperitifs mit Anisgeschmack wie *Pernod, Ricard, Pastis,*

■ Mixgetränke, vorzugsweise Cocktails wie der klassische *Martini dry (Vermouth dry, Gin,* grüne Olive mit Kern), die *White Lady (Gin, Cointreau,* Zitronensaft), oder der *Manhattan (Canadian Whisky,* roter *Vermouth* und eine Kirsche)

■ Frucht- und Gemüsesäfte, alkoholfreie Cocktails.

Auch Bowlen, z. B. eine erfrischende *Maibowle,* finden als Aperitif großen Anklang. Weinhaltige Aperitifs, Bitter- und Anisaperitifs können mit Soda, Mineralwasser oder (Orangen-)Saft aufgefüllt werden.

EDLER TROPFEN ZUM ESSEN: WEIN

Sollen zu verschiedenen Gängen im Menü verschiedene Weine getrunken werden, gilt:

■ weiße vor roten Weinen,

■ herbe vor lieblichen Weinen,

■ jüngere vor älteren Weinen.

Der Wein soll zu den Speisen passen. Zu leichten Speisen wird man einen leichten, fruchtigen Wein kredenzen, zu schweren, auch fetten Speisen eher einen kräftigen, körperreichen Wein. Die alte Faustregel „heller Wein zu hellem Fleisch und Fisch, dunkler Wein zu dunklem Fleisch" ist überholt, wer Rotwein zur Forelle trinken will, der kann das tun – auch ohne Anstoß in Fragen richtiger Etikette zu erregen.

Mit gutem Grund bezeichnet man Weine, die im Menü gereicht werden, als *korrespondierende* Weine. Sie sollen zu den Speisen passen, idealerweise den Geschmack der einzelnen Gerichte harmonisch ergänzen oder betonen, ohne ihn zu überdecken.

Deshalb eignen sich zu Fischgerichten und kalten Vorspeisen leichte, trockene und frische Weißweine, wie beispielsweise der deutsche *Mosel-Saar-Ruwer* oder der französische *Chablis.* Zu leichten warmen Vorspeisen wie Geflügelragout oder Fischgerichten wählt man leichte bis mittelschwere Weißweine. Zu mittelschweren Gerichten bis vollwürzigen Speisen wie Hähnchen oder Schweinemedaillons empfiehlt sich ein mittelschwerer Weißwein oder leichter Rotwein. Allgemein gilt: Mildgewürzte Speisen werden durch leichte, junge und fruchtige Weine unterstrichen, kräftig gewürzte Speisen eher durch ausgereifte und vollmundige rote Weine. Dementsprechend passt zu Rind, Hammel, Ente, Gans und Wildgerichten eher ein schwerer und vollmundiger Rotwein.

Der Wein zum Dessert darf lieblicher sein und einige Öchslegrade mehr haben. Spätlese, Eiswein und Trockenbeerenauslese sind natürliche edelsüße Weine, die gut zum Dessert passen. Aus Italien kommen klassische Dessert- oder Südweine wie der *Marsala* oder der *Vin santo.* Zu den Südweinen gehören auch die portugiesischen Portweine.

HOCHPROZENTIG: DER DIGESTIF

Der *Digestif* ist eine hochprozentige Angelegenheit: 32–40 Volumenprozent Alkohol sollte er haben, damit er den Prozessen förderlich ist, die als Tischgespräch verpönt sind. Als Digestif werden Spirituosen wie klare Schnäpse, klare Brände, Branntweine, Magenbitter oder Liköre angeboten.

Die berühmtesten Weinbrände (an sich Branntweine), *Cognac* und *Armagnac,* kommen aus Frankreich. Cognac darf sich nur der Weinbrand nennen, der ausschließlich aus Weinen des Departments *Charente* destilliert wurde. Der Armagnac, ein nur einmal gebranntes Destillationsprodukt ebenfalls aus weißen Trauben, trägt seinen Namen nach dem Anbaugebiet *Armagnac.* Je länger die Lagerung von Cognac und Armagnac, desto milder und ausgereifter ist ihr Geschmack – und desto teurer die

Flasche. Weinbrände werden in Cognac-Schwenkern serviert und sollten gut *chambriert* sein, d.h. eine Temperatur von ca. 18 – 20 Grad haben.

Aus Frankreich kommt auch ein berühmter Obst-
branntwein, der *Calvados,* der aus Apfelwein destilliert
wird. Der Calvados stammt übrigens aus der gleichnami-
gen Region in der Normandie.

Heimische „Wässerchen" sind *Kirsch* und *Williams
Christ, Himbeergeist* oder auch das *Zwetschgenwasser,*
dessen jugoslawische Variante *Slibowitz* aus Pflaumen
destilliert wird. Eine österreichische Spezialität ist der
Marillenbrand, hergestellt aus Aprikosen.

Der *Whisky,* ein Getreidebrand oder Destillat aus Getreide, kommt ursprünglich aus Schottland. Längst
haben aber auch andere Länder den Whisky entdeckt.
Neben *Scotch Whisky* (in den beiden Varianten *Malt
Whisky* aus Gerste und *Grain Whisky* aus Roggen,

Gerste, Weizen und auch Hafer) gibt es *Irish Whiskey* (überwiegend aus Gerste und Roggen), amerikanischen *Whiskey (Bourbon,* der hauptsächlich aus Mais gebrannt wird) und kanadischen Whisky (*Canadian Whisky,* dessen Basis Roggen und Mais sind und *Rye Whisky,* hauptsächlich aus Roggen).

Die verschiedenen Whiskys werden übrigens nicht nur aus verschiedenen Getreidesorten gebrannt, sondern auch unterschiedlich geschrieben: Während Schotten und Kanadier ihren Whisky ohne „e" schreiben, fügen Iren und Amerikaner ein „e" ein. Ob mit oder ohne „e": Whisky serviert man in aller Regel ungekühlt im sogenannten *Whisky-Tumbler,* einem Becherglas (siehe auch Seite 21), das zu ca. 4 Zentiliter (cl) gefüllt wird. Je nach persönlicher Vorliebe kommen Eis oder Soda dazu.

Zu den Getreidebränden zählen auch *Gin* und der holländische *Genever,* denen zugesetzte Wacholderbeeren die besondere Note verleihen. *Aquavit,* ein Klarer aus Getreide mit leichtem Kümmelaroma, sollte eisgekühlt serviert werden. Auch die Gläser sollten eisgekühlt sein – besonders gut sieht es aus, wenn sie durch kaltes Wasser gezogen und dann ins Kühlfach gestellt werden, sodass sich ein schöner Eisfilm um das Glas legt. Zu den Aquavits zählen beispielsweise *Bommerlunder, Aalborg, Holger Danske.* Nicht vergessen werden darf bei einer Auflistung von Digestifs natürlich der russische *Wodka,* der aus Getreide und Kartoffeln gebrannt wird.

Die Menükarte

Die Menükarte listet alle Speisegänge, die serviert werden. Nehmen wir einmal an, wir sind zu einer großen Feier eingeladen. Dann findet sich die Menükarte in oder bei unserem Gedeck. Als Gast sollte man sich genügend Zeit nehmen, die Menükarte zu studieren. Aufmerksamkeit verdient nicht nur der Inhalt, sondern auch die Aufmachung, die meist dem Anlass der Einladung angepasst ist. Übrigens: Auch wenn es sich „nur" um eine Kaffee-tafel oder ein Frühstück handelt, spricht man von einer Menükarte.

Neben den Speisen und Getränken beinhaltet die Menükarte den Anlass der Einladung, das Datum, den Ort und möglicherweise den Namen des Gastes. Die Karte ist meist in zwei Hälften aufgeteilt. Rechts stehen grundsätzlich alle Speisen, links die dazu servierten Getränke. Alle Speisen stehen in der Reihenfolge, in der sie serviert werden, untereinander.

In punkto Gestaltung sind der Kreativität keine Grenzen gesetzt: Die Menükarte kann beispielsweise gerollt und mit einem Band zusammengehalten oder aufklappbar sein, mit ausgeschnittenen Motiven dekoriert, auf ein Motto des Abends bezogen, handgeschrieben oder gedruckt sein.

Denken Sie daran, Tippfehler – oder Schreibfehler auf der Menükarte machen sich nicht gut.

Eine Menükarte kann auch eine nette Erinnerung an die Einladung sein. Viele Gastgeber haben sich für die Gestaltung etwas Besonderes einfallen lassen und freuen sich, wenn die Gäste das honorieren und die Menükarte als Souvenir mitnehmen.

Einladung nach Hause

Im typischen Szenario früherer Zeiten war die Hausfrau bis in letzter Minute, ja Sekunde mit den Vorbereitungen für ein opulentes Mahl beschäftigt. Wenn dann die Gäste eintrafen, war die Gastgeberin schon abgekämpft, die Stimmung entsprechend gespannt. Jetzt ging der Stress aber erst los, Blumen versorgen – keine passende Vase zu finden! Die Garderobe abnehmen – natürlich wieder alle Kleiderbügel belegt! Den Aperitif anbieten – wohin nur mit den leeren Gläsern? Die Vorspeise anrichten, zwischendurch ein Blick auf den Braten in der Röhre – ob das alles zeitlich hinhaut?

Stand das Essen schließlich auf dem Tisch, mussten Getränke nachgeschenkt und Speisen nachgereicht werden: noch etwas Sauce holen, die Nudeln warm stellen, das Dessert vorbereiten und so weiter und so fort. Waren die Gäste endlich gegangen, machte (nicht nur) die Hausfrau drei Kreuze.

Kommt Ihnen diese Geschichte bekannt vor? Natürlich ist jede Einladung mit Arbeit und Zeitaufwand verbunden, aber der Stress sollte sich in Grenzen halten. Nicht nur die Rollenverteilung von „Gastgeber" und „Gastgeberin" hat sich mittlerweile geändert, sondern auch die Erwartungshaltung der Gäste.

Für viele Gäste steht längst nicht mehr der Braten, sprich ein üppiges Mahl im Vordergrund, sie wollen sich unterhalten, am liebsten in entspannter Atmosphäre, ohne dass die Gastgeber alle paar Minuten in Küche oder Keller verschwinden. Und auch als Gastgeber will man etwas von seinen Gästen haben; es genügt nicht, wenn rückblickend als Erfolg zu verbuchen ist, dass das Essen wie am Schnürchen lief. Um wirklich mitfeiern zu können, muss man nicht nur den Speiseplan, sondern vor allem die Organisation solcher Einladungen ändern.

GUT VORBEREITET

Im Vorfeld einer Einladung sollte man sich überlegen, was wie vorbereitet werden kann. Je mehr Gedanken man sich vorher über Organisation und Ablauf macht, desto weniger Pannen passieren, wenn die Gäste da sind.

Delegieren ist eine Kunst

Als alleiniger Gastgeber sind Sie selbstredend auch für alles zuständig – es sei denn, Sie können einzelne Vorbereitungen oder Arbeiten delegieren, sprich Freunde, Bekannte und Familie einspannen oder auf professionelle Hilfe (Party-Service o. Ä.) zurückgreifen.

Ob Sie allein als Gastgeber fungieren oder die Gastgeberrolle auf zwei oder mehrere verteilen, in jedem Fall sollte rechtzeitig und eindeutig geregelt werden, wer für was bei der Vorbereitung und am Tag der Einladung zuständig ist.

Checklisten helfen bei der Organisation

Legen Sie ein Heft an (bei einer kleineren Einladung tut's auch ein einfacher Schmierzettel) und tragen Sie alles ein, was Ihnen zu Planung und Gestaltung Ihrer Einladung einfällt. Ordnen Sie nach Termin: Was muss langfristig organisiert, vorbestellt oder eingekauft werden, was kann kurzfristig bereitgestellt werden?

Vorplanung	Am Tag der Einladung	20 Minuten, bevor die Gäste eintreffen
■ Gästeliste ■ Termin abstimmen ■ Einladungen verschicken ■ Selbst kochen oder Essen bestellen? ■ Speisen und Getränke notieren ■ Einkaufsliste erstellen ■ Sind ausreichend Stühle und Tische vorhanden? ■ Tischwäsche, Stoff- oder Papierservietten ■ Was muss noch gewaschen bzw. gereinigt werden? ■ Gibt es genügend Geschirr, Besteck, Gläser? ■ Muss das gute Silber noch geputzt werden? ■ Blumenschmuck, sonstige Tischdekoration, Tischkarten?	■ Tisch decken ■ Getränke kalt stellen ■ Rotwein temperieren und rechtzeitig öffnen ■ Eiswürfel vorbereiten ■ Bei Getränken aus dem Fass: Ist der Zapfhahn funktionstüchtig? ■ Ist für Toilettenpapier, Gästeseife, Gästehandtücher gesorgt, die Toilette geputzt? ■ Ist die Spülmaschine ausgeräumt, der Mülleimer geleert? ■ Gibt es genügend Platz/Kleiderbügel für die Garderobe der Gäste? ■ Sind die Nachbarn „vorgewarnt"?	■ Wein- oder Sektflaschen öffnen ■ Teller warm stellen ■ Kerzen anzünden ■ Hintergrundmusik auflegen ■ Butter aus dem Kühlschrank holen ■ Liegen Flaschenöffner und Korkenzieher bereit? ■ Eiswürfel bereitstellen ■ Stehen Aschenbecher parat? ■ Ist für Blumenvasen gesorgt?

Als Gastgeber sollten Sie mit allen Vorbereitungen (inklusive Umziehen, Zurechtmachen) 10, besser 15 Minuten vor Eintreffen der Gäste fertig sein, um Hektik zu vermeiden und auch Gäste, die zu früh kommen, in Ruhe begrüßen zu können.

Wer soll eingeladen werden?

Die Gäste Da die Gäste ja die wichtigste „Zutat" sind, sollte man als erstes eine Gästeliste anlegen. Gibt es einen besonderen Anlass für die Einladung, wer darf partout auf der Gästeliste nicht fehlen? Harmonieren die Gäste miteinander, gibt es unter Umständen Gäste, die sich gar nicht mögen? Will man das in Kauf nehmen oder lieber jemand anderen einladen? Sollten Eltern mit oder ohne Kinder eingeladen werden? Gibt es Gäste mit besonderen Wünschen und Bedürfnissen, auf die Rücksicht genommen werden muss: z. B. Vegetarier, Diabetiker, Gäste mit einer Behinderung?

Der Termin

Wann, also an welchem Tag und zu welcher Uhrzeit soll eingeladen werden? Auch dazu will einiges überlegt sein: Können unsere Gäste an diesem Tag der Einladung folgen? Müssen sie vielleicht am nächsten Morgen früh aufstehen? Liegt am geplanten Tag auch keine andere Einladung vor oder tritt unsere Einladung in Konkurrenz zu Interessenmagneten anderer Art, z. B. einem Fußballländerspiel?

Der richtige Rahmen

Wo und wie soll gefeiert werden? In diesem Kapitel geht es um die Einladung nach Hause, hier sollte man sich die Frage stellen, wie viele Gäste sollen, können eingeladen werden und wie aufwendig soll die Einladung sein? Das richtet sich zum einen nach dem Platz, der zur Verfügung steht, aber auch nach der Ausstattung der Küche, nach den Finanzen und dem Rahmen, den wir der Einladung geben wollen. Es muss ja nicht immer eine Einladung zum Abendessen sein.

Zum *Frühschoppen* wird zwischen 10.00 und 11.00 Uhr eingeladen, eingebürgert hat sich der Frühschoppen vor allem sonntags, wenn auch Berufstätige Zeit haben. Als Unterbau zum „Schoppen" gib es in der Regel eine Kleinigkeit zu essen.

Ein *Imbiss* kann vormittags oder am frühen Abend stattfinden und schließt meist ein kleines kaltes oder warmes Essen ohne größeren Aufwand ein, z. B. Würstchen mit Kartoffelsalat, einen Eintopf oder dergleichen.

Einladungen zu jeder Tageszeit …

Zum *Sektfrühstück* zwischen 11.00 und 12.00 Uhr laden Frischvermählte gern nach dem Standesamt ein – angestoßen werden kann genausogut auf einen anderen Anlass. Zum Sekt gibt es eine Kleinigkeit zu essen, für die man in der Regel weder Besteck noch Teller benötigt.

Wird zum *Brunch* eingeladen (eine Kombination aus spätem Frühstück und Mittagessen), treffen die Gäste ab 11.00 Uhr ein. Gerade bei Familien mit Kindern ist die Einladung zum Brunch oft hochwillkommen: Es geht viel ungezwungener zu als bei Abendeinladungen und die Kinder können sich frei bewegen und herumtollen.

Déjeuner ist das französische Wort für ein (kleines) Mittagessen. Gerade für ältere Gäste, die ein komplettes Essen am Abend nicht vertragen oder ungern zu später Stunde noch unterwegs sind, kann das der richtige Rahmen sein.

… für jeden Personenkreis

Die traditionelle englische *Teatime* beginnt um 15 Uhr am Nachmittag. Zu einem guten Tee (mit einem Teebeutel in der Kanne ist das nicht getan …) gehören verschiedene Zuckersorten, beispielsweise brauner und weißer Kandiszucker oder karamellisierter Zucker an einem kleinen Holzstäbchen, mit dem der Zucker direkt in den Tee gerührt wird. Dazu gibt es frische, kalte Milch. Zum Tee serviert man Teegebäck oder feine Kuchenstücke (keine Tortenstücke).

Die deutsche Variante zur Teatime ist der *Kaffee-klatsch:* keineswegs nur eine Angelegenheit für „reife" Damen. Zum Kaffeeklatsch wird – wie das Wort schon sagt – Kaffee serviert oder auch heiße Schokolade. Dazu gibt's Torte oder Kuchen, am liebsten mit Schlagsahne. Angesichts der Kalorienbombe wird gern auf kleinere Kuchenstücke zurückgegriffen oder angeboten, die Tor-tenstücke nochmals zu teilen. Statt Kuchen kann es auch Gebäck geben.

Auf der *Cocktailparty,* die heute ein bisschen aus der Mode gekommen ist, geht es traditionell feiner zu. In der Regel findet sie zwischen 19.00 und 21.00 Uhr statt. Meist werden Getränke und Kanapees im Stehen ge-reicht.

Eine gute Form für Gastgeber mit schmalem Geldbeutel oder auch für eine kurzfristige Einladung ist die *Bottleparty,* die Amerikaner sagen dazu auch *Pot luck:* Jeder Gast bringt eine „bottle", also ein Getränk mit, wo-bei nicht nur Flaschen, sondern auch Salate oder andere

Liebevoll gedeckt: die Kaffee-tafel

Speisen willkommen sind. Als Gastgeber sollte man vorher absprechen, wer was mitbringt, damit anschließend nicht zehn verschiedene Sorten Rotwein und fünfmal der gleiche Nudelsalat aufgetischt werden.

Eher ungezwungen geht's auch bei der *Open-House-Party* zu, zu der alle kommen dürfen, die Lust und Laune haben. Jeder darf mitbringen, wen er will. Entsprechend viele Gäste sind zu erwarten, die kommen und gehen. Klar, dass ein Bankett mit abgestimmtem Menüablauf hier fehl am Platz wäre – stattdessen bieten sich Speisen auf Buffets an.

... für jeden Geldbeutel

PARTY-SERVICE

Sie wollen den Vorteil des Bedient-Werdens mit dem „Heimvorteil" verbinden? Dann bietet es sich an, einen Party-Service in Anspruch zu nehmen. Holen Sie verschiedene Angebote ein (gelbe Seiten), um besser vergleichen zu können.

Entlastung für die Gastgeber

Neben Speisen und Getränken kann man Geschirr und Dekoration mieten, auch dienstbare Geister für Küche und Bedienung. Personal wird je nach Hierarchie (vgl. Seite 102 f.) stundenweise abgerechnet, wobei üblicherweise eine Mindestzeit vorab vereinbart wird. Für Teller, Gläser und Besteckteile zahlen Sie eine Leihgebühr, die stückweise berechnet wird. Sollte etwas zu Bruch gehen, wird das in Rechnung gestellt. Die Speisen werden pro Portion (z. B. ein Schälchen *Mousse au chocolat* oder belegte Baguette-Brötchen) oder auf Gewichtsbasis abgerechnet *(Waldorfsalat, Thunfischsalat* usw.: DM/kg)

Was halten Sie von einem kompletten Buffet, mit Vorspeisen, Hauptgerichten warm und/oder kalt plus leckeren Desserts? Buffets werden pauschal pro Person verbucht, wobei in der Regel eine Mindest-Gäste-Zahl (ab 10 oder 15 Personen) zugrunde gelegt wird. Getränke werden üblicherweise auf Kommission (auf Wunsch be-

reits gekühlt) geliefert und nach Verzehr flaschen- oder fassweise abgerechnet.

Worauf sollten Sie sonst noch achten, was bedarf der Absprache? Erstellen Sie eine Checkliste: Notieren Sie die Anzahl der Personen (berücksichtigen Sie auch Kinder und Gäste, die Diät leben), wann und wo die Feier stattfinden soll. Soll die Dekoration mitgeliefert werden? Kommen Sie mit eigenem Geschirr aus oder muss zusätzlich Geschirr und Besteck geliehen werden? Wie sieht's mit Tischwäsche aus? Haben Sie ausreichend Tische zum Aufbau der Platten zur Verfügung? Soll der Party-Service zusätzlich ein Unterhaltungsprogramm organisieren? Brauchen Sie sonstige kostspielige Extras, z. B. einen Toilettenwagen für die große Fete im Grünen?

Was planen Sie?

Lassen Sie sich auf alle Fälle einen detaillierten Kostenvoranschlag unterbreiten, um unliebsame Überraschungen zu vermeiden.

Nachdem Sie sich für einen Lieferanten entschieden haben, klären Sie mit ihm schriftlich (!) ab: Wann genau wird aufgebaut bzw. die Ware geliefert? Wo wird aufgebaut (Räume, Garten)? An welche Adresse wird geliefert (die Lieferadresse muss ja nicht unbedingt mit der Bestelladresse übereinstimmen)? Ab wann soll Personal zur Verfügung stehen (Küche, Service, Musiker)? Wann soll wieder abgebaut werden (am nächsten Tag, um wie viel Uhr)? Wer ist der Ansprechpartner bei Auf- und Abbau vor Ort? Wann und wie erfolgt die Bezahlung?

Das sollten Sie mit dem Party-Service absprechen

Als Gastgeber sollten sie demjenigen, der das Buffet aufbaut, ein Trinkgeld geben und gegebenenfalls auch der Person, die das Geschirr wieder abholt. Ist Personal eingesetzt, versteht es sich, dass die Gastgeber am Ende des Arbeitseinsatzes ein passendes Trinkgeld bereithalten. Gäste geben den Servierkräften kein Trinkgeld.

DIE EINLADUNG

Nicht nur eine hoch offizielle Feier ist ein Grund, eine
Einladung schriftlich auszusprechen. Auch eine gemütli-
che Kaffeetafel, ein Treffen am Abend zu einem Glas
Wein oder eine familiäre Grillparty hinterm Haus sind
Anlass genug.

Schriftlich Ist der Rahmen informell, kann die Einladung selbst-
oder verständlich mündlich ausgesprochen werden. Durch
mündlich einen netten Brief, eine ansprechende Karte wird sie je-
einladen doch in jedem Fall persönlicher. Die Gastgeber geben
sich in der Regel viel Mühe, ihre Gäste zu bewirten.
Warum also nicht auch im Vorfeld ein wenig Zeit in ein
passendes Einladungsschreiben investieren?

Bonn, 1. September

Sehr verehrte Frau Kreuscher,
sehr geehrter Herr Kreuscher,

anlässlich des 60. Geburtstags von Jens-Matthias laden
wir herzlich ein zum Abendessen bei uns zu Hause am
Samstag, den 27. September, um 20 Uhr.

Auf Ihren Besuch freuen wir uns,
mit freundlichen Gruß

Brigitte und Jens-Matthias Junghans

Wir wollen klein, aber fein feiern: festliche Kleidung
ist daher erwünscht.
U.A.w.g. bis zum 7. September an:
Brigitte und Jens-Matthias Junghans
Auf dem Spielboden 16
53175 Bonn

Tübingen, 1. September

Hi Gaby,

*hier steigt am Samstag, den 27. September, ab acht Uhr
Abends eine Party, bei der du natürlich nicht fehlen
darfst. Gib doch bitte kurz Bescheid, ob du noch jemanden mitbringen möchtest.
Bis dahin liebe Grüße*

Brigitte und Jens-Matthias

*P.S.: Jeder steuert wahlweise ein Getränk oder etwas
zum Essen bei – den Speiseplan koordiniert Brigitte.
Telefon: 0 70 71 / 4 35 74*

Bei der Angabe der Uhrzeit gibt es für Gäste wie Gastgeber einige Faustregeln:

■ „Um 20.00 Uhr" bedeutet: nicht vor 20.00 Uhr eintreffen, höchstens 10 Minuten später kommen. Hier wird in der Regel ein „Programm" geboten, ein Menü serviert, das zeitlich festgelegt ist. Späteres Kommen würde den Ablauf stören.

■ „Ab 20.00 Uhr" bedeutet: nicht vor 20.00 Uhr eintreffen. Je nach Anlass kann man aber auch eine oder zwei Stunden später kommen, zum Beispiel bei einer Silvesterparty.

■ „Von 14.00 Uhr bis 18.00 Uhr" bedeutet: nicht vor 14.00 Uhr und nicht nach 14.10 Uhr eintreffen. Gegen 18.00 Uhr wieder verabschieden. Beispiel: eine Hochzeitsfeier, bei der nachmittags eine andere Gästegruppe als abends eingeladen ist.

GUT ZU WISSEN

*Die schriftliche
Einladung sollte in
jedem Fall beinhalten:*

■ *Datum*
■ *Uhrzeit*
■ *Ort*
■ *Anlass*

■ „Zwischen 10.00 Uhr und 12.00 Uhr" bedeutet: Die Gäste werden irgendwann im angegebenen Zeitraum erwartet, müssen aber nicht bis 12.00 Uhr anwesend bleiben, sondern können/dürfen/sollen früher gehen. Beispiel: ein kleiner Empfang im Betrieb aus Anlass einer Beförderung. Der Gast kommt, gratuliert, erhält ein Getränk, überreicht möglicherweise ein Geschenk und wird sich verabschieden, wenn er sein Glas getrunken hat.

■ „10 Uhr s.t./10 Uhr c.t." Die Abkürzungen kommen aus dem Lateinischen und stehen für: „sine tempore" („ohne Zeit") und „cum tempore" („mit Zeit"). Ersteres heißt soviel wie: bitte pünktlich erscheinen, bei Letzterem dürfen Sie zwischen 15 und 30 Minuten später kommen.

Die Einladung bietet auch die Möglichkeit, den Gästen vorab Informationen zu geben: Welche Kleidung ist

angesagt? Darf geraucht werden? Darf der Hund mitgebracht werden, z. B. zu einer Gartenparty u. Ä. Duktus
und Formulierung der Einladung geben den Gästen
gleichzeitig einen Hinweis auf den Rahmen.

Auf dem Kuvert steht: „An Herrn und
Frau Kreuscher", auf der Einladung „sehr
verehrte Frau Kreuscher, sehr geehrter Herr
Kreuscher". Unverheiratete oder Ehepaare
mit verschiedenen Namen werden ange-
schrieben mit: „Frau Katterfeld und Herr
Müller" oder „Frau Susanne Heinichen und
Herr Holger Büttgenbach". Sollte nicht klar sein, ob es
sich um einen männlichen oder weiblichen Partner handelt, empfiehlt sich die Formulierung „und Begleitung".

Nehmen wir an, die Einladung ist für den 30. Novem-
ber geplant. Zwei bis drei Wochen Vorbereitungszeit sollte man rechnen. Je größer der Anlass, desto länger die
Vorbereitungszeit! Dazu sollte man acht Tage für den
Postweg der Zu- bzw. Absage einkalkulieren. Die Einladung sollte also drei bis vier Wochen vor dem Anlass
verschickt werden.

*Auf das
Timing
kommt
es an*

Haben Sie als Gastgeber acht Tage nach Versand der
Einladung noch keine Rückmeldung erhalten, sollten Sie
höflich nachhaken, sich z. B. telefonisch erkundigen, ob
die Einladung angekommen ist.

Je persönlicher und aufmerksamer die
Einladung, desto mehr Wert wird auf die
individuelle Gestaltung der Einladungskarte
gelegt. Der Phantasie sind keine Grenzen
gesetzt, in puncto Format setzen allenfalls die
Postgebühren gewisse Grenzen.

Sollte es einen besonderen Anlass oder
auch ein Motto geben, unter dem die Einladung steht, kann man sich davon bei der
Gestaltung inspirieren lassen. Ansonsten gibt
es natürlich ein breites Sortiment fertiger

Einladungskarten. Übrigens: Selbstgebastelte und handgeschriebene Einladungen, auch wenn es mehr Arbeit
bedeutet, stehen immer noch an erster Stelle. Hier ist
eine gute, absolut leserliche Handschrift gefragt.

U.A.w.g.

Nichts geändert hat sich an der Abkürzung „U.A.w.g.",
was heißt: Um Antwort wird gebeten. „R.s.v.p." steht für
„Respondez s'il vous plait" und bedeutet das Gleiche wie

*Großes An-
gebot: Ein-
ladungs-
karten*

„U.A.w.g.". Um langfristig planen zu können, ist es sinn-voll einen Termin zu setzen: „U.a.w.g. bis zum ***" und dazu die Telefonnummer oder Adresse anzugeben. Wer dem Gast Arbeit abnehmen will, legt eine Antwortkarte bei, gegebenenfalls sogar vorfrankiert.

ZUSAGE, ABSAGE, GÄSTELISTE

Die Antwort sollte möglichst umgehend erfolgen, bedarf bei familiären Einladungen nicht unbedingt der Schrift-form. Hier genügt in der Regel ein Anruf. Bei größeren Einladungen ist eine schriftliche Antwort vorzuziehen. Sie erleichtert es dem Gastgeber, seine Gästeliste korrekt zu führen.

Bonn, 3. September   *Zusage*

Wir danken für Ihre Einladung und freuen uns schon jetzt auf das Abendessen in gemütlicher Runde bei Ihnen am Samstag, den 27. September, um 20 Uhr.

Tina und Jochen Naumann

Bonn, 3. September   *Absage*

Wir bedauern sehr, an Ihrem Abendessen am 1. August (aus geschäflichen Gründen) nicht teilnehmen zu können. Trotzdem wünschen wir Ihnen einen recht schönen Abend und verbleiben

mit freundlichen Grüßen

Christel und Markus Thünnesen

Der Zusatz „aus geschäftlichen Gründen" ist nicht zwingend. Sie müssen bei einer Absage keine Gründe angeben. Und – schwindeln sollten Sie auch nicht!

Hilft bei der Planung: die Gästeliste

Zur Einladung am 27. September				
Name	**Vorname**	**Pers.**	**Zusage am**	**Absage am**
Kilian	Nicolai und Anna	2	3.9.	
Plauma	Nicole	1	5.9.	
Voigt	Brigitte	1		5.9.
Geler	Johannes mit den Kindern Marion und Onno	3	5.9	
Kreuscher	Martin und Inge	2		

Routinierte Gastgeber deponieren die Gästeliste neben dem Telefon, sodass telefonische Zu- oder Absagen gleich eingetragen werden können.

TISCH- UND TAFELDEKORATION

Ein Punkt, der ein komplettes Buch füllen würde. In unserem Zusammenhang deshalb nur einige Anregungen.

Der Tisch sollte nicht überladen wirken. Die Dekoration sollte zum Rahmen, Anlass oder Motto der Einladung passen und in sich stimmig sein; also entweder „noble" Dekoration oder rustikale Materialien. Bewusste Stilbrüche können originell gemeint sein, wirken aber oft wie gewollt und nicht gekonnt.

Die Dekoration sollte nicht den Blick über die Tafel nehmen. Dekorationsartikel aus natürlichen Materialien (Stroh, Gras …) sollten nicht mit den Gedecken in Be-

rührung kommen, die Dekoration immer so aufgebaut sein, dass sie nicht in sich zusammenfallen oder ins Gedeck kippen kann. Besteht die Dekoration aus essbaren Dingen wie Obst, Weihnachtsgebäck, Nüssen usw., dann sollte man auch damit rechnen, dass die Gäste zugreifen – also keine Plätzchen aus dem Vorjahr verwenden, an denen man sich die Zähne ausbeißt.

BLUMENSCHMUCK FÜR DIE TAFEL

Was wäre ein schön gedeckter Tisch ohne Blumen? Auch den Blumenschmuck sollte man rechtzeitig einplanen, vor allem, wenn er beim Gärtner oder Floristen bestellt wird. Wie für die Tisch- oder Tafeldekoration als Ganzes gilt auch für den Blumenschmuck, dass er dem Anlass angemessen sein und die Tafel nicht überladen sollte. Für eine kleine Feier oder ein Abendessen im kleinen Kreis reicht ein kleiner Strauß oder ein kleines Gesteck vollauf, bei größeren Festivitäten darf der Blumenschmuck sicher aufwendiger ausfallen.

Die Farben sollen zur Tafel, zur Dekoration und zum Raum passen, nicht zuletzt sollte das Gesteck zur Form der Tafel passen: Auf rechteckige Tische gehören recht-

Pastaessen: Tomaten als Tisch- dekoration

eckige oder längliche Blumenarrangements, auf runde Tische eher runde Arrangements.

Die Blumen sollte man erst kurz vor Eintreffen der Gäste auf die Tafel stellen und möglichst nicht mehr verschieben: Blumengestecke mit Feuchtschwamm würden möglicherweise Wasser verlieren, auf alle Fälle gäbe es einen (Wasser-)Fleck auf dem Tischtuch.

Wenn Sie die Blumen selbst stecken bzw. binden: Nehmen Sie niedrige Gefäße oder flache Schalen, in die Blumenmoos (vorher in kaltem Wasser tränken) oder eine Blumensteckmasse gegeben wird. Die Steckmasse sollte beim fertigen Gesteck nicht mehr zu sehen sein. Verwenden Sie keine stark riechenden oder schnell welkenden Pflanzen. Das Gesteck sollte nicht zu hoch sein; gegenübersitzende Gäste sollten sich noch gut sehen können.

EINE GLÄNZENDE IDEE: KERZEN

Kerzen geben ein warmes Licht und schaffen eine besondere Atmospäre. Sie können nicht nur abends, sondern auch morgens eingesetzt werden, vorzugsweise in der kälteren Jahreszeit und hier natürlich speziell in der Weihnachtszeit. Wie viele Kerzen auf einer Tafel stehen, bleibt

dem Geschmack des Einzelnen überlassen: Sie sollten jedenfalls mit der übrigen Dekoration harmonieren und nicht die Sicht versperren.

Kerzen probeweise anzünden

Kerzen sollten kurz vor Eintreffen der ersten Gäste angezündet werden. Also genau dann, wenn einem als Gastgeber ohnehin die Zeit davonläuft. Um so ärgerlicher, wenn die Kerzen nicht auf Anhieb brennen, weil das Wachs am Docht erst schmelzen muß. Es empfiehlt sich deshalb, die Kerzen schon vor dem Tag der Einladung einmal anzuzünden.

Noch ein Hinweis zu Feuersicherheit: Kerzenhalter sollten so stehen, dass sie nicht umgeworfen werden können, und die Kerzen sollten auch wirklich fest stecken, dass sie nicht brennend in die Dekoration oder auf Gedecke fallen können.

Teelichter müssen immer auf einer Unterlage stehen, die nicht schmelzen oder brennen kann, da sie die Wärme auch nach unten abgeben.

DIE SITZORDNUNG

Wofür eine Sitzordnung? Kann der Gastgeber nicht jedem Gast einen Platz zuweisen? Natürlich kann er das tun, speziell bei einer kleineren Gästezahl. Auch dabei ist

Gut platziert ist halb gewonnen

aber sehr viel Fingerspitzengefühl nötig. Wer kann mit wem? Wer kann sich mit wem unterhalten? Ob Sie die Plätze ad hoc verteilen oder vorab eine Tischordnung austüfteln: Man sollte nach Möglichkeit nicht Gäste nebeneinander setzen,

■ die sich nicht ausstehen können,

■ die allzu verschiedene oder gar gegensätzliche Interessen haben,

■ die nicht dieselbe Sprache sprechen,

■ die einen sehr großen Altersunterschied aufweisen (sofern es sich nicht um Enkel und Großeltern oder dergleichen Konstellationen handelt, wo Jung und Alt sich gut kennen und auch gut unterhalten können).

Der Gastgeber kann die Wahl des Platzes auch den Gästen überlassen und so allen Schwierigkeiten aus dem Weg gehen. Aber wie wird wohl die Erbtante reagieren, wenn sie keinen Platz neben dem Ehrengast bekommt? Außerdem soll die Einladung ja harmonisch verlaufen. Deshalb ordnet man insbesondere bei einer größeren Gästezahl die Sitzplätze (oder bei mehreren Tischen zumindest die Tische) zu.

Beim Aufstellen der Sitzordnung sollten Sie soweit möglich eine gemischte Reihe setzen, also Damen und Herren im Wechsel. Paare müssen dabei nicht ungedingt nebeneinander platziert werden. Eine Ausnahme sind natürlich Frischverliebte. Auch Körperbehinderte und andere Personen, die auf einen Partner angewiesen sind, sollte man nicht trennen. Gibt es keinen Kindertisch, setzt man Kinder am besten so, dass sie jederzeit aufstehen können, ohne die ganze Tafel zu stören. Handelt es sich um Kleinkinder, die noch nicht allein essen können, dann gehören sie neben die Eltern. Der Gastgeber sollte von seinem Platz aus einen guten Überblick haben, die Gastgeberin gegebenenfalls den kürzesten Weg zur Küche.

Thema mit Variationen: die Sitzordnung

Ehrengäste haben auch einen Ehrenplatz verdient, und das ist in aller Regel der Platz neben den Gastgebern. Sitzen die Gastgeber an einer rechteckigen Tafel an den Kopfenden, sind dort rechts und links die bevorzugten Plätze. Haben die Gastgeber in der Mitte einer Längsseite ihren Platz, befinden sich die Ehrenplätze ihnen gegenüber.

Wo sitzen die Gastgeber?

Auf Seite 84 finden Sie drei gängige Varianten für den Aufbau der Tischordnung. Gastgeber und Gastgeberin sind jeweils gelb markiert, gleiche Farben bezeichnen Paare.

Variante I folgt traditionellem Muster: Die Paare sind getrennt platziert. Heute genauso möglich: Paare sitzen zusammen (II). Am praktischsten ist häufig eine Mischform (III).

I

II

Muster für die Sitz-ordnung

III

ORIENTIERUNGSHILFE: DIE TISCHKARTE

Sie zeigt dem Gast, wo er sitzt. Nicht immer kennen sich die Gäste untereinander, der Name auf der Tischkarte erleichtert dann die persönliche Anrede bzw. den Einstieg in das Gespräch mit Tischnachbarn und Gegenüber.

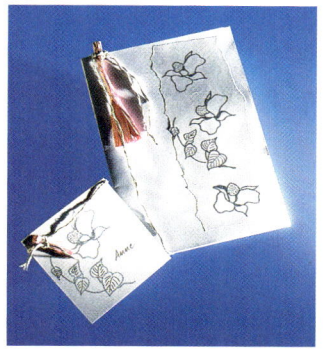

Bei der Beschriftung der Tischkarten sollte man auf einige Punkte achten:

■ Namen sauber und fehlerfrei schreiben. Je nach Gästekreis: nur den Vornamen, Vor- und Nachnamen oder nur den Nachnamen. Akademische Titel gehören zum Namen und werden deshalb bei offiziellen Anlässen mit aufgeführt (Frau Dr. Rüben oder Dr. Susanne Rüben).

■ Namen so groß schreiben, dass auch Gäste mit Brille oder anderen Sehhilfen den Namen im Stehen mühelos lesen können.

■ Namen auf Vorder- und Rückseite schreiben, damit auch gegenübersitzende Gäste sich mit Namen ansprechen können.

Die Gäste treffen ein

Begrüßung

Der Gastgeber begrüßt die Gäste an der Tür, je nach Eingang auch erst, wenn sie die Wohnung betreten. Nach wie vor gilt: zuerst die Dame, dann der Herr. Bei der Begrüßung dieselbe Reihenfolge: zuerst die Dame, dann der Herr. Zur Begrüßung gibt man sich in der Regel die Hand. Die linke verbietet sich: ein Relikt aus der Zeit unserer kriegerischen Vorväter. In der rechten Hand führte man nämlich die Waffe. Reichte man die rechte Hand zum Gruß, so signalisierte das, dass man in friedlicher Absicht kam. Pech für Linkshänder …

Inzwischen betritt auch die Gastgeberin die Szene und begrüßt die Gäste, wieder erst die Dame und anschließend den Herrn. Falls die Gäste Geschenke oder einen Blumengruß mitbringen, halten sie diese logischerweise in der linken Hand, damit die rechte zur Begrüßung frei ist. Höflich, wie die idealen Gastgeber sind, bedanken sie sich, dass die Gäste der Einladung gefolgt sind, worauf die Gäste sich ihrerseits für die Einladung bedanken.

Garderobe ablegen

Der Herr hilft der Dame aus dem Mantel

Der Gastgeber bittet um die Garderobe: „Darf ich euch/Ihnen die Mäntel abnehmen?" Eher abgestanden bis peinlich sind Formulierungen wie: „Bitte hängt euch hier auf." „Zieht euch hier aus." „Darf ich euch beim Ausziehen helfen?"

Angenommen, das eingetroffene Gästepaar gehört zusammen. Nach klassischen Benimmregeln hilft der begleitende Herr „seiner" Dame aus dem Mantel. Hintergrund: Überlässt der Herr das dem Gastgeber, könnte das andeuten, dass er nicht allzuviel Wert auf die Dame legt. So eng wird das längst nicht mehr gesehen – man sollte aber gewahr sein, dass ältere Herrschaften oder Kavaliere alter Schule es sich vielleicht aus diesem Grund nicht nehmen lassen wollen, ihrer Begleiterin selbst aus dem Mantel zu helfen. Der Gastgeber hilft erst der Dame und dann dem Herrn aus dem Mantel. Das ist eine reine Höflichkeitsgeste, auch eine Frau kann einem Mann aus dem Mantel helfen.

Im privaten Rahmen geht es im Allgemeinen nicht so förmlich zu, Gäste können sich gegenseitig mit der Garderobe behilflich sein oder selbst ablegen und dem Gastgeber Mantel oder Jacke zum Aufhängen geben.

Vielleicht wollen die Gäste noch einen kritischen Blick in den Spiegel werfen, die Frisur zurechtrücken, die Brille putzen (bei Schnee oder Regen), oder ganz einfach auf die Toilette gehen. Der aufmerksame Gastgeber zeigt deshalb ungefragt, wo die (Gäste-)Toilette zu finden ist.

Hinweis auf die Gäste-toilette

BLUMEN FÜR DIE GASTGEBER

Blumen, in der Regel Schnittblumen, werden sofort überreicht. Der Umwelt zuliebe sollte man Blumen nicht unbedingt in Klarsichtfolie verpacken, einfaches Papier tut's auch: Dann sollte man das Papier allerdings entfernen, bevor man klingelt. Das Papier bitte nicht dem Gastgeber in den Briefkasten stecken oder sonstwie unauffällig verschwinden lassen. Fragen Sie nach einem Papierkorb oder lassen Sie das zusammengeknüllte Papier an der Garderobe liegen. Früher wurden Blumen ausschließlich der Gastgeberin überreicht, das hat sich geändert. Blumen können der Dame wie dem Herrn überreicht werden, sie sind ja schließlich auch für beide gedacht. Auf keinen Fall sollte der Gastgeber jetzt, entzückt über die schönen Blumen, seine Gäste stehen lassen und erst einmal verschwinden, um eine passende Blumenvase zu suchen. Vielmehr begleitet er seine Gäste ins Wohnzimmer und kümmert sich dann um die Blumen.

GUT ZU WISSEN

Blumen, die die Gäste mitbringen, gehören nicht auf die gedeckte Tafel, sollten aber gut sichtbar in der Wohnung aufgestellt werden.

Jetzt ist der richtige Zeitpunkt, um Geschenke zu überreichen. Manchem Gastgeber fällt darauf nichts Besseres ein als „Das wäre doch nicht nötig gewesen …"

– womit man allenfalls den Gast in Verlegenheit bringt. Die einfachste und beste Antwort auf jedes Geschenk ist ein schlichtes Dankeschön. Der höfliche Gastgeber bedankt sich also, reißt aber nun nicht postwendend die Verpackung auf, sondern nimmt das Geschenk mit in den Raum, in dem der Aperitif gereicht respektive zu Tisch gebeten wird. Dort – oder erst nach dem Essen – werden die Geschenke geöffnet.

Geschenke mitzubringen ist nicht jedermanns bzw. jederfraus Sache. Grundsätzlich gilt für die Gastgeber: Bitte kein Geschenk erwarten! Geschenke sollten niemals ein Muss sein.

BEKANNTMACHEN UND VORSTELLEN

Das erste Gästepaar hat es sich bequem gemacht. Da klingelt auch schon der nächste Gast. Nach Ablegen der Garderobe bitten Sie ihn zu den anderen Gästen, die er noch nicht kennt. Jetzt müssen Sie bekannt machen oder vorstellen. Bekannt gemacht werden Gleichaltrige und alle, die auf gleicher sozialer oder beruflicher Ebene stehen. Vorgestellt werden Personen verschiedenen Alters und alle, die unterschiedliche soziale oder berufliche Stellungen einnehmen.

Bekannt machen

Bei einem Treffen ehemaliger Klassenkameraden sind alle Schüler und deren Partner gleichrangig. Sie werden miteinander bekannt gemacht. Der alte Lehrer hingegen steht auf einer anderen – nämlich ranghöheren – Stufe. Hier wird vorgestellt. In einer Sportmannschaft wiederum sind alle ranggleich, weshalb bekannt gemacht wird. Ist dagegen der Chef eingeladen, wird der Partner dem Chef vorgestellt.

Der Unterschied äußert sich in der Formulierung: „Darf ich Ihnen Frau Rumpf vorstellen?" Oder „Darf ich Sie mit Frau Rumpf bekannt machen?"

Drei Grundregeln gibt es für das Vorstellen:

■ Der Herr wird der Dame vorgestellt (die Dame ist per se ranghöher).

■ Der/die Jüngere wird der/dem Älteren vorgestellt (der/die Ältere ist ranghöher).

■ Der/die Rangniedere wird der/dem Ranghöheren vorgestellt.

Die Vorstellung läuft in vier Schritten ab. Will der Gastgeber eine Dame und einen Herrn einander vorstellen, wendet er sich an die Dame: „Darf ich Ihnen Herrn X vorstellen?" Dann wendet er sich an den Herrn: „Darf ich Ihnen Frau Y vorstellen?" Frau Y und Herr X lächeln sich dabei freundlich an, geben sich eventuell die Hand. Dazu könnten sie sagen: „Freut mich", „Freut mich sehr", „Es freut mich, Sie kennenzulernen", „Es freut mich sehr, Sie endlich (einmal) kennenzulernen". Oder, den Tagesgruß und/oder den eigenen Namen wiederholend: „Loss, guten Abend", „Guten Abend" oder familiärer: „Hallo".

Die Gäste einander vorstellen

Absolut veraltet sind Floskeln wie: „Angenehm", „Sehr angenehm", „Gestatten, gnädige Frau, Herr Loss bittet um die Ehre, Ihnen vorgestellt zu werden." Nicht mehr üblich ist auch die Anrede Gattin oder Gatte, gebräuchlicher ist: dein/mein Mann oder deine/meine Frau.

Die Gäste können sich auch selbst vorstellen: „Darf ich mich vorstellen, mein Name ist Tino Loss." Mögliche Antwort: „Das freut mich, mein Name ist Brigitte Hansel." Im familiären Kreis und unter Freunden stellen Sie sich mit dem Vornamen vor: „Hallo, ich bin der Michael." Oder kombiniert mit dem Nachnamen: „Guten Abend, ich heiße Michael Baumann."

Sich selbst vorstellen

Im ersten Fall erwartet Michael, dass „geduzt" wird. Im zweiten Fall geht er vom „Sie" aus. Es setzt sich auch in Deutschland immer mehr durch, den Vornamen zu benutzen, aber gleichzeitig beim „Sie" zu bleiben: „Es freut mich, Sie kennen zu lernen, Martin."

BEGRÜSSUNG PER HANDSCHLAG

Das Händereichen ist eine persönliche und damit individuelle Angelegenheit. Die Hand geben, heißt Nähe suchen, ohne sich dabei zu nahe zu kommen. Es gibt so eine Art „Zuck-Mechanismus": einer ausgestreckten Hand streckt man automatisch die eigene Hand entgegen.

Begrüßen sich mehrere Personen, gibt es wieder eine Rangfolge, die man beachten sollte, wenn der Rahmen der Einladung entsprechend formell ist. Wie beim Vorstellen gilt: Zuerst die Dame, die ältere oder die ranghöhere Person begrüßen, dann den Herrn, die jüngere oder die rangniedere Person. Ausländer begrüßt man höflicherweise vor Inländern und Fremde vor Verwandten oder Bekannten.

GUT ZU WISSEN

Die Herren stehen bei der Begrüßung auf, die Damen dürfen sitzen bleiben – es sei denn, deutlich ältere oder ranghöhere Personen werden begrüßt.

Bei peinlicher Anwendung dieser Regel riskiert man allerdings, ungewollt unhöflich zu sein. Angenommen, Sie stehen drei Personen gegenüber: einer älteren Dame, einer jüngeren Dame und einem Herrn.

Wie oben gelernt, begrüßen Sie zuerst die ältere Dame als die ranghöchste Person. Nun ist die Dame aber vielleicht gar nicht begeistert über diese „Höflichkeit", die ja signalisiert, dass Sie sie für die Ältere halten. Es gibt einen geschickten Ausweg aus dem Dilemma, nämlich: der Reihe nach vorgehen!

Das kann man verbal noch unterstreichen, indem man z.B. sagt: „Herzlich willkommen, ich darf Sie einfach der Reihe nach begrüßen?" Vermieden wird so auch ein

Kreuz- und Querreichen der Hände, das – abergläubischen Stimmen zufolge – Unglück bringen soll. Wenn zwei Paare einander die Hände schütteln wollen, geben sich zuerst die Damen die Hand, dann die Herren und Damen, zum Schluss begrüßen sich die Herren per Handschlag. Der Händedruck sollte nicht „à la Rambo" ausfallen; genauso wenig sollte man die Hand zu lasch geben. Der Händedruck sollte spürbar, aber nicht schmerzhaft sein.

Unter Freunden und sehr guten Bekannten ist auch hierzulande der Wangenkuss als Begrüßung verbreitet. Damit es keine Kollisionen gibt, sollte man mit dem Küsschen rechts anfangen.

DIE HOHE SCHULE DES HANDKUSSES

Der Handkuss ist wieder „in". Dabei sind natürlich auch einige Regeln zu beachten: Der Rahmen muss passen. Die Hand der Dame wird nur in geschlossenen Räumen geküsst. Wenn frau sonst auch die Initiative ergreifen darf, beim Handkuss verbietet sich das. Frau darf nicht dem

*Der form-
vollendete
Handkuss*

Herrn die Hand in Richtung Mund entgegenstrecken, um einen Handkuss einzufordern.

Der Herr ergreift mit der rechten Hand die rechte Hand der Dame und zieht sie sachte zu sich heran, wobei er den Kopf über die Hand der Dame beugt. Der Handkuss wird nur angedeutet, die Lippen berühren den Handrücken der Dame nicht.

APERITIF ZUM AUFTAKT

Der Aperitif gibt den Gästen die Möglichkeit, sich zu akklimatisieren, sich gegenseitig kennen zu lernen und verkürzt die Wartezeit, bis alle Gäste eingetroffen sind. Der Aperitif kann gereicht werden (bereits eingeschenkt und auf Tabletts angeboten) oder so bereit stehen, dass sich jeder Gast selbst bedienen kann. Erwarten Sie viele Gäste, ist die zweite Alternative die bessere, weil Sie sich inzwischen um die neu eintreffenden Gäste kümmern können.

Für letztere Variante bietet sich ein Aperitifbuffet an. Dazu wird auf einen Tisch ein Tischtuch gelegt oder eine Buffetbespannung *(Skirting)* rund um den Tisch angebracht. Es reicht, die Seite des Tisches zu bespannen, die die Gäste beim Betreten des Raumes sehen.

Auf das Buffet gehören je nach Geldbeutel, Vorrat oder Lust und Laune:

- *Sherry* trocken, Bitters wie *Campari,* frisch gepresster Orangensaft, Champagner oder Sekt, trockener Weißwein, Cocktails,

- Sherrygläser, Longdrinkgläser, Cocktailgläser, Sektgläser, Glaskaraffe für Saft,

- Eiswürfel und Eiszange,

- Sektkühler, etwa zu zwei Dritteln gefüllt mit kaltem Wasser und Eiswürfeln; über den Sektkühler gehört eine Stoffserviette (Küchentuch tut's auch),

- kleine Papier- oder Cocktailservietten,

- Knabbereien wie Erdnüsse, Oliven ohne Kerne, Salzgebäck in Schälchen,

- Flaschenöffner und Korkenzieher.

Während Weinflaschen sich mit einem guten Korkenzieher problemlos öffnen lassen, sitzt der Korken in Sektflaschen oft bombenfest. Auch hier gibt es einen Trick: Halten Sie die Flasche leicht schräg, sodass die linke Hand den Korken umfasst

Das Aperitif-buffet

*Der Sektkorken sollte
nicht knallen!*

und die rechte die Flasche unten greift. Jetzt drehen Sie mit der rechten Hand die Flasche hin und her, die linke bleibt ruhig am Korken. Sobald sich der Korken bewegt, können Sie mit der linken Hand gegenhalten und den Korken langsam kommen lassen. Auf diese Weise verhindert man, dass die Kohlensäure explosionsartig entweicht, die dem Sekt ja gerade das prickelnde Etwas verleiht.

Ist Rauchen erlaubt, sollten Sie Aschenbecher und Streichhölzer bereit halten. Angesichts der immer dominanteren Nichtraucherfraktion ist zu überlegen, ob man nur in einem Teil des Raums Ascher aufstellt.

GASTGEBERPFLICHTEN

Ist die Küche startklar, bitten die Gastgeber zu Tisch. Ganz so professionell wie im Restaurant muss es zu Hause nicht zugehen: Einschenken, Vorlegen, Nachlegen

*Teller
werden von
rechts ein-
gesetzt*

und Abservieren dürfen nach Regeln der Praktikabilität vonstatten gehen. Gute Freunde kann man ruhig auffordern, sich selbst zu bedienen oder Schüsseln und Platten herumzureichen. In jedem Fall gilt: Der gute Gastgeber denkt an sich selbst zuletzt.

Von links werden Speisen von einer Platte angeboten oder vorgelegt. Was im Gedeck links steht (z. B. Salatteller, Brotteller), wird auch von links abgeräumt bzw. neu eingesetzt. Von rechts werden Teller mit angerichteten Speisen eingesetzt sowie Getränke eingeschenkt. Schmutzige Teller und Gläser werden von rechts abgedeckt. Frische Teller, Gläser sowie alles, was rechts im Gedeck seinen Platz hat, werden von rechts eingesetzt.

Servieren nach allen Regeln der Kunst

Eingeschenkt wird in größerer Runde reihum. Eine kleine Runde erlaubt es, die „Rangfolge" der Gäste zu berücksichtigen: Zuerst kommt der Ehrengast, dann die Damen (ältere vor jüngeren), dann die Herren (wieder ältere vor jüngeren). Früher wurde bereits nachgeschenkt, wenn das Glas noch zur Hälfte voll war, heute erst dann, wenn das Glas (fast) leer ist. Bei alkoholischen Getränken sollte man generell fragen: „Darf ich nachschenken?" Die Weinflasche (Weißwein im Kühler) kann auf dem Tisch stehen bleiben, die (in aller Regel unschöne) große Wasserflasche sollte anderswo deponiert werden. Damit der Tisch im Laufe der Einladung nicht zum Flaschengrab wird, sollten Sie als Gastgeber leere Flaschen dezent abräumen.

Einschenken und Nachschenken

Auch zu Hause kann der Gastgeber sich den ersten Schluck Wein einschenken und probieren oder einen Gast bitten, den Wein zu gustieren.

Als Gast nimmt man sich am Tisch nur selbst, was in unmittelbarer Nähe erreichbar ist. Statt quer über den Teller des Nachbarn das Brot zu angeln, bittet man ihn besser um den Brotkorb. Auf einer größeren Tafel sollten Salz und Pfeffer, Brot und Butter ohnehin doppelt oder mehrfach vorhanden sein.

Der Gastgeber eröffnet die Tafel. Er oder sie erhebt sich von seinem/ihrem Platz (im kleineren Kreis behält er/sie Platz), klopft kurz an das Glas und prostet den Gästen zu.

Die Gäste erheben ihr Glas in Richtung Gastgeber und zum jeweiligen Tischpartner. Vor dem Schluck wird das Glas einmal kurz angehoben, nach dem Schluck ebenso. Dabei sieht man sich an. Zugeprostet wird ansonsten nur den Tischnachbarn und Gästen, die gegenüber oder diagonal gegenüber sitzen. Zuprosten sollte man mit Maß und Ziel, also nicht unentwegt.

Anstoßen macht eigentlich nur Sinn mit (Wein-)Gläsern, die auch klingen, d.h. mit dünnwandigen, bauchigen Gläsern, die nicht zu voll sein dürfen. Dickwandige Bierkelche oder auch Saftgläser und Bechergläser allgemein klingen meist eher dumpf. Als Fauxpas gilt es, mit Schnapsgläsern anzustoßen.

DAS TISCHGESPRÄCH

In größerer Runde sucht man zunächst einmal mit dem Tischpartner ins Gespräch zu kommen. Im Laufe des Essens darf natürlich mit allen Gästen geredet werden, wobei Sie den/die Tischpartner/in nicht links liegen lassen sollten.

Bei einer Gästezahl bis etwa sechs Personen oder am runden Tisch erübrigt sich diese Einschränkung.

Für das Tischgespräch sollten nach Möglichkeit Themen gewählt werden, an denen sich alle beteiligen können und die kein Anlass zu Grundsatzdiskussionen oder heftigen Auseinandersetzungen bieten. Damit aus dem Tischgespräch kein Streitgespräch wird, meidet man – wenn möglich – Themen wie Politik, Religion und Sex.

GUT ZU WISSEN

Man wünscht den Tischnachbarn nach wie vor einen guten Appetit.

Der Gastgeber fungiert auch als Gesprächsmoderator. Jeder Gast sollte zu Wort kommen, ins Gespräch einbezogen werden. Wenig wünschenswert ist es, einem selbsternannten Starredner über Stunden hinweg lauschen zu müssen.

DIE TAFEL AUFHEBEN

Ist der Digestif serviert, können die Gastgeber die Tafel aufheben. Je nach den Möglichkeiten der Wohnung wird der Digestif auch an einem anderen Platz (Kaminzimmer, Couchecke) angeboten und damit der gemütliche Teil eingeläutet. Ein Platzwechsel gibt den Gästen die Möglichkeit, sich neu zu gruppieren, mit Gästen, die am anderen Ende der Tafel saßen, ins Gespräch kommen. Halb ausgetrunkene Gläser werden beim Platzwechsel üblicherweise nicht mitgenommen, es sei denn, der Gastgeber fordert ausdrücklich dazu auf.

GUT ZU WISSEN

Sind Gäste da, wird weder nebenbei telefoniert noch fern gesehen, es sei denn, es handelt sich um eine Einladung zu einem Fernseh- oder Videoabend.

Nicht umsonst sagt man: „Wenn es am schönsten ist, soll man gehen." Einen Hinweis auf die Dauer der Einladung können Sie als Gastgeber – ohne unhöflich zu sein – in der Einladung geben:

■ … geselliges Beisammensein bis in den späten Abend (soll heißen: nach dem Abendessen ist die Feier noch nicht zu Ende).

■ … von 12 Uhr bis 14 Uhr (soll heißen: Um 14 Uhr ist „Feierabend").

Zu Gast im Restaurant

Feinschmeckerlokal oder Italiener um die Ecke

In diesem Kapitel geht es um Essen und Trinken im Lokal, sei es zu zweit, mit Freunden, bei einer kleinen Familienfeier, einem größeren Festbankett oder auch einem Arbeitsgespräch, neudeutsch *Business-Lunch* genannt.

Die Auswahl an Restaurants und gastronomischen Betrieben jeder Güte und Preisklasse ist vielfältig; je größer die Stadt, desto ausgefallener und breiter das Angebot. In der relativ kleinen Stadt Bonn gibt es beispielsweise rund tausend gastronomische Einrichtungen, angefangen beim Straßen-Bistro bis hin zum noblen französischen Feinschmecker-Restaurant. Kaum ein Ort, in dem keine Pizzeria zu finden ist, wobei die italienische Küche neben Pizza natürlich viele andere hervorragende Gerichte zu bieten hat. Auch chinesische oder vietnamesische Restaurants sind mittlerweile häufig anzutreffen, beim Türken, Griechen oder Spanier lässt sich manche Urlaubserinnerung auffrischen. Das Angebot umfasst aller Herren Länder. Und auch die deutsche Küche be-

schränkt sich längst nicht mehr auf das Prädikat „gut bürgerlich".

Die Qual der Wahl beginnt bei der Wahl des Lokals. Eine erste Orientierungshilfe stellt die Speisekarte dar, die meist vor der Tür aushängt. Hier kann der Gast ungeniert studieren, was die Küche zu welchen Preisen zu bieten hat. Wer sich gern überzeugen will, ob das Lokal das passende Umfeld für den Anlass bietet, ob man beispielsweise gemütlich sitzt, der sollte ruhig einen Blick ins Lokal werfen – als höflicher Mensch fragen Sie, ob Sie sich kurz umsehen dürfen.

Sind Sie ortsunkundig oder wollen einfach ein neues Lokal entdecken, dann geben Restaurantführer Auskunft. Achten Sie auf das Erscheinungsjahr – die Qualität von Küche und Keller kann sich schnell ändern, ein Restaurantführer sollte deshalb immer neueren Datums sein. Es muss ja nicht immer das teuerste Restaurant sein. Allerdings: Je nobler das Lokal, desto mehr „Etikette" kommt dem Gast in aller Regel entgegen.

Längst vorbei sind Gott sei Dank die Zeiten, da man sich als Single (in Deutschland gibt es über 13 Millionen Singles!) nicht ins Lokal traute. Auch viele Geschäftsreisende, männlich wie weiblich, sind allein unterwegs. Nach wie vor zählt der Restaurantbesuch aber zu den geselligen Freizeitvergnügen. Im Folgenden wird daher immer von mindestens zwei Personen ausgegangen – klassisch: Dame und Herr oder allgemeiner: Gast und Gastgeber (womit nicht gesagt sein soll, dass der Herr immer die Gastgeberrolle zu übernehmen hat, sprich die Rechnung zahlen muss).

DIE SERVICE-HIERARCHIE

Vielleicht haben Sie schon einmal ein sehr nobles Restaurant besucht und sind angesichts der schwarzbefrackten Herren im Service vor Ehrfurcht fast erstarrt? Als Gast ist man in der Tat oft verunsichert und weiß nicht so recht, wer wofür zuständig ist. Sehen wir uns daher die Hierarchie in einem größeren Restaurant einmal näher an.

Service-
Hierarchie

Restaurant-
Direktor

Chef de Service/
Maître d`Hôtel
1. Oberkellner

2. Ober-
kellner

Chef de
Rang
Stations-
kellner

Commis
de Rang

Auszu-
bildender

Angenommen, Sie haben eine Reklamation, dann macht es wenig Sinn, sich an den Auszubildenden zu wenden. In diesem Fall ist der Oberkellner oder *Chef de Service* der richtige Ansprechpartner, wenn Ihnen der zuständige Stationskellner nicht weiter helfen kann.

Der Oberkellner ist auch zuständig für Begrüßung, Platzierung, eventuell die Aufnahme der Bestellung, sofern das nicht der Stationskellner oder *Chef de Rang* übernimmt. Er ist in der Regel derjenige, der alle Arbeiten am Tisch ausführt, wie z.B. das Einschenken des Weins, Tranchieren und Flambieren von Speisen, Kochen am Tisch, Speisen vorlegen usw. Sein *Commis* hilft ihm, die Speisen aus der Küche zu holen und schmutziges Geschirr und Gläser wieder in die Spülküche zurückzubringen.

Einen Sommelier gibt es vor allem in nobleren Restaurants mit besonderer Wein- oder Spirituosenauswahl. Er ist für die Getränke zuständig und berät bei der Wahl des Weins zum Essen.

Wenn es ans Bezahlen geht, tritt möglicherweise wieder der Oberkellner in Aktion oder der Stationskellner kassiert ab. In kleineren Restaurants gibt es natürlich keine solche Hierarchie. Dort werden mehrere Arbeiten von einer Bedienung übernommen.

HERR OBER – FRAU OBER

Die männliche Bedienung heißt nach wie vor „Ober" oder „Herr Ober". Aber wie ruft man im Restaurant die weibliche Servicefachkraft? Das „Fräulein" ist schon lange out.

Fingerschnipsen oder sonstige mehr oder weniger eindeutigen Gesten sind keine Alternative, „Bedienung!" klingt eher barsch. Und die höfliche Variante, auf sich aufmerksam zu machen mit „Entschuldigen Sie bitte…" oder „Hallo…" bleibt leider allzu oft ungehört im Raum stehen.

Hier tranchiert der Koch persönlich

Die *Gesellschaft für deutsche Sprache* (GfdS) in Wiesbaden schlägt als Ausweg aus dem Dilemma vor, die weibliche Servicekraft „Frau Ober" zu titulieren – analog zu „Herr Ober".

Ob sich diese Sprachregelung durchsetzen wird, muss sich freilich erst noch zeigen. Die Anrede „Frau Ober" weist Sie in jedem Fall als sprachbewussten Restaurantbesucher auf der Höhe der Zeit aus …

TRETEN SIE EIN

„Ladies first" lautet eine alte Benimmregel. Lässt man sonst der Dame den Vortritt, gilt das traditionell nicht für gastronomische Betriebe, hier geht der Herr vor.

Der Herr geht vor

Die Regel, dass der Herr zuerst das Restaurant betritt, hat ihren Ursprung in den rauheren Sitten anno dazumal, als der Herr auf fremdem Terrain erst sicherstellen musste, ob der Dame auch keine Gefahr für Leib und Leben drohte. Flogen etwa Biergläser durch die Luft oder waren die Gäste in eine wüste Rauferei verwickelt, konnte der Herr gleich den Rückzug antreten.

Wenn auch derlei heutzutage kaum mehr zu befürchten ist und folglich auch die Dame unbeschadet vorangehen kann, gibt es immer noch feine Unterschiede: Eine Hotelhalle betritt zuerst die Dame, die Hotelbar dagegen zuerst der Herr.

In vielen einfacheren Lokalen und Gaststätten suchen sich die Gäste den Tisch selbst aus, in Restaurants der mittleren bis gehobenen Klasse wird in der Regel ein Tisch zugewiesen.

Sie liegen in jedem Fall richtig, wenn Sie nach einem Tisch fragen. Ist der Service aufmerksam, müssen Sie sich nicht eigens bemerkbar machen. Eine Servicefachkraft begrüßt Sie und erkundigt sich, ob ein Tisch reserviert wurde. Liegt keine Reservierung vor, sollten Sie sich vergewissern, ob ein Tisch für zwei Personen gewünscht wird. Diese Frage scheint im ersten Moment überflüssig, es sind ja zwei Gäste zu sehen. Tatsächlich ist die Frage sehr wohl berechtigt, es könnten ja noch weitere Gäste erwartet werden.

Fragen Sie nach einem freien Tisch

Keine Haftung für die Garderobe

In vielen Lokalen weist ein Schild darauf hin, dass für die Garderobe keine Haftung übernommen wird, d.h., bei Diebstahl gibt es keinen finanziellen Ersatz. Finanzieller Ersatz wird bei Verlust oder Diebstahl von Garderobe im Restaurant grundsätzlich nicht gewährt. Es sei denn, es handelt sich um eine beaufsichtigte Garderobe oder Sie haben eine Garderobenmarke erhalten. Wollen Sie ihr bestes Jackett nicht unbeaufsichtigt lassen, können Sie es mit an den Tisch nehmen und dort deponieren. Befindet die Garderobe sich nicht in unmittelbarer Nähe des Eingangs, kann man auch zuerst einen Tisch suchen und dort ablegen – der Herr oder eine Bedienung bringen die Kleidungsstücke dann zur Garderobe.

Garderobe ablegen

Für Garderobe
wird keine Haftung
übernommen

Wer geht vor?

Die Bedienung weist den Weg zum Tisch, ihr folgt erst die Dame, dann der Herr. Ist der Herr in Begleitung zweier Damen, folgen diese der Bedienung, der Herr kommt am Schluss. Suchen die Gäste den Weg zum Tisch selbst, geht der Herr in beiden Fällen vor. Bei zwei Paaren rahmen die Herren die Damen ein. Keine Sorge: Diese Regeln sind eher Kür denn Pflicht.

Hilfe beim Platz- nehmen

Der Kavalier (nicht nur der alten Schule) wird der Dame beim Platznehmen behilflich sein. Mit beiden Händen fasst er den Stuhl an der Stuhllehne, hebt ihn leicht an und zieht ihn vom Tisch ab. Die Dame geht nun in den entstandenen Zwischenraum zwischen Stuhl und Tisch.

Der Herr hebt den Stuhl an der Stuhllehne leicht an und schiebt ihn langsam in Richtung Tisch. Die Dame lässt sich gleichzeitig langsam auf die Sitzfläche nieder. Sie sollte so zu sitzen kommen, dass sie den Stuhl nicht mehr verrücken muss.

Jeder Gast möchte natürlich am besten Tisch im Restaurant sitzen. Aus praktischen Gründen ist das aber nun mal nicht machbar.

Im Fachjargon werden die Tische in einem Restaurant als A-, B- und C-Tische klassifiziert. Die A-Tische sind die bevorzugten Plätze: am Fenster, in gemütlichen Ecken und Nischen, mit freiem Blick ins Lokal. C-Tische stehen dagegen beim Eingang, neben Zugängen zur Küche und zu den Toiletten oder ungeschützt mitten im Raum.

A-, B- und C-Tische

Bei mittelstarker Besetzung eines Restaurants werden die A-Tische sehr schnell vergeben sein. Sind Fenstertische für vier Personen eingedeckt und es betreten zwei Gäste das Restaurant, will der Service diese A-Tische oft nicht vergeben: vier Gäste versprechen schließlich mehr Umsatz als zwei, und nicht immer kann man später zwei Gäste dazusetzen. Deshalb werden solche Tische in manchen Restaurants blind reserviert. Das bedeutet, es steht zwar ein Reserviert-Schild auf dem Tisch, aber in Wirklichkeit hat niemand den Tisch reserviert.

Fragen Sie in diesem Fall betont freundlich nach einem „sehr schönen Fenstertisch". Wie man in den Wald hineinruft, kommt es bekanntlich zurück: Je höflicher die Frage, desto größer die Chance, dass Sie einen Tisch bekommen, der Ihnen zusagt. Sind mehrere Tische frei, bleibt die Wahl oft dem Gast überlassen.

Platz mit Aussicht

Wie es A-, B- und C-Tische gibt, gibt es auch bevorzugte Plätze an einem Tisch. Nennen wir diese Plätze Damenplätze, denn die Dame soll immer den besten Platz erhalten.

Das ist in der Regel der Platz mit der besten Aussicht – mit Blick aus dem Fenster oder in das Lokal. In größerer Runde (siehe auch Sitzordnung, S. 83/84) steht der beste Platz dem Ehrengast oder auch dem ranghöchsten oder ältesten Gast zu.

Singles laufen of Gefahr, an den Katzentisch, sprich einen ausgesprochen schlechten Tisch, gesetzt zu werden. Frauen sind damit – leider – immer noch häufiger konfrontiert als Männer. Lassen Sie sich nicht unterbuttern! Zeigen Sie deutlich, aber höflich, dass Sie an solch einem Tisch nicht Platz nehmen wollen (es sei denn, es macht Ihnen wirklich nichts aus).

Manchmal wirkt ein kleines Bakschisch Wunder! Lassen Sie in diesem Fall dem Personal auch die Möglichkeit, einen Tisch anzubieten. Wenn das Restaurant sehr stark frequentiert ist, kann der/die Service-Angestellte keinen freien Tisch aus dem Boden zaubern. Vielleicht könnten Sie anbieten, 15 Minuten an der Bar zu warten.

DIE TISCHRESERVIERUNG

Wenn Sie auf Nummer Sicher gehen wollen, reservieren Sie einen Tisch. Bei telefonischer Reservierung geben Sie Namen und Telefonnummer an, Uhrzeit und Zahl der Personen. Kennen Sie das Lokal, dann wissen Sie vielleicht genau, an welchem Tisch Sie sitzen wollen und können das bei der Reservierung dazusagen. Wollen Sie beim Rendezvous zu zweit ungestört sein, dann verlangen Sie ausdrücklich einen Zweiertisch.

In vielen Lokalen gibt es ausgewiesene Nichtraucher-Bereiche. Wenn der blaue Dunst Sie stört, können Sie bei der Tischreservierung erfragen, ob das Lokal separate Bereiche für Nichtraucher anbietet.

Eine Reservierung ist verbindlich. Wenn Ihnen etwas dazwischenkommt, sollten Sie dem Wirt respektive Gastronom telefonisch Bescheid geben, damit er den Tisch anderweitig vergeben kann. In aller Regel wird ein reservierter Tisch über die vereinbarte Zeit hinaus ca. eine halbe Stunde freigehalten. Kommen Sie wesentlich später, müssen sie damit rechnen, daß der Tisch bereits besetzt ist.

SERVICE À LA CARTE

In der Gastronomie werden verschiedene Service-Arten unterschieden. Der *Bankett-Service* eignet sich für Veranstaltungen und Festivitäten mit größerer Personenzahl. Alle Gäste haben das gleiche Menü, das allen gleichzeitig serviert wird. *Bankett-Service*

Das Essen kommt entweder auf Tellern angerichtet aus der Küche oder wird von Platten vorgelegt – Saucen und Beilagen werden dann oft auf den Tisch gestellt, sodass sich jeder selbst bedienen kann.

Direkt auf Teller angerichtet und serviert werden die Speisen beim *Teller-Service.* Eine gängige Alternative im Restaurant ist der *Service à la carte.* Jeder Gast wählt sein Essen individuell aus – ob Einzelgericht oder komplettes Menü. Serviert wird in der Regel von Platten, die in Reichweite des Gastes oder zumindest in Tischnähe warm gestellt werden. Beim *Nachservice* erhält der Gast die zweite Portion meist auf einem frischen Teller. *Teller-Service* *Service à la carte*

Sie sitzen gut, haben schon einmal die Serviette aus dem Gedeck genommen und auf den Schoß gelegt. Bevor der Ober die Speisekarte überreicht, fragt er, ob ein

Aperitif gewünscht wird, empfiehlt vielleicht einen Aperitif des Hauses. Wendet er sich damit an den Herrn, ist das kein Fall von grober Unhöflichkeit: Die Dame soll sich nicht um so schnöde Dinge wie das Bestellen der Speisen und Getränke kümmern müssen – der Ober alter Schule spricht deshalb den Herrn an. Ganz so konservativ geht es heute meist nicht mehr zu, die Dame darf direkt adressiert werden und kann natürlich auch selbst bestellen.

Festessen im Restaurant um die Jahrhundertwende

Lassen Sie sich Zeit, die Karte zu studieren. Sie enthält das Speisenangebot des Lokals, gegliedert nach der klassischen Menüfolge. Zuerst finden Sie also die Vorspeisen (kalte und warme Vorspeisen, Suppen, Salate), dann kommen die Hauptgerichte (wiederum untergliedert nach Hauptgängen mit Fleisch, Fisch und vegetarischen Gerichten). In der Regel sind die Beilagen zu den Hauptgerichten angeführt, alternativ ist angegeben, welche Beilagen zur Wahl stehen. Sollten Sie andere Beilagen wünschen, fragen Sie die Bedienung.

Aufbau der Speisekarte

Den krönenden Abschluss bilden die Nachspeisen, sofern diese nicht auf einer Extrakarte angeboten werden. Gern empfiehlt der Ober Gerichte, z.B. spezielle Kreationen des Küchenchefs, saisonbedingte oder Tagesmenüs. Die sogenannte Tageskarte mit wechselnden Gerichten ist oft als loses Blatt in die Speisekarte eingelegt.

In einigen Restaurants gibt es noch eine *Damenkarte.* Sie ist identisch mit der regulären Speisekarte mit einem Unterschied: Es fehlen sämtliche Preisangaben. Das soll es der (eingeladenen) Dame erleichtern, ohne Rücksicht auf den Preis auszuwählen.

Was ist eine Damenkarte?

Orientieren Sie sich bei der Zusammenstellung Ihres Menüs am Hauptgericht. Von der Menüzusammenstellung war schon die Rede (siehe dazu S. 52 ff.), hier deshalb nur nochmals das „große Programm" der klassischen Speisefolge, das natürlich beliebig abgespeckt oder erweitert werden kann.

Kalte Vorspeise
✪
Suppe
✪
Warme Vorspeise
✪
Sorbet
✪
Hauptgang
✪
Käse
✪
Dessert
✪
Mokka

Sollten Sie eingeladen sein, empfiehlt es sich, den Geldbeutel des Gastgebers nicht mehr zu strapazieren, als ihm lieb ist. Wie aber lässt sich das herausfinden?

Wie die Sitzplätze kann man auch Speisen je nach Preis in A-, B- und C-Kategorien unterteilen. In die A-Kategorie gehören beispielsweise: Spargel, Pfifferlinge, Hummer, Kaviar, Lachs, Kalbfleisch, Nusskartoffeln. Eher zur C-Kategorie zählen: Sauerkraut, Rotkohl, Rollmops, Schweinefleisch, Pommes frites.

Diese Klassifizierung hat nichts mit Qualität und Geschmack der Speisen zu tun, sondern nur mit dem Preis und dem Modewert einer Speise (der sich natürlich ändert, wie das Matjesfilet zeigt, das mittlerweile in Kategorie A aufgestiegen ist).

Der Eingeladene will nicht unbedingt das Teuerste, aber auch nicht gerade das Billigste aussuchen. Aber so richtig traut er sich nicht, zu wählen. Also druckst er herum, fragt vielleicht den Gastgeber:

„Haben Sie sich schon entschieden?" Oder „Haben Sie schon was gefunden?" Antwortet der nun „Ach, ich weiß auch noch nicht" oder „Was nehmen Sie denn?" hilft er dem Gegenüber keinen Schritt weiter.

Hilfreicher wäre beispielsweise: „Das Kalbsfilet soll hier sehr gut sein." (Damit gibt er die Kategorie A vor. Die eingeladene Person kann sich auf Gerichte in diesem Bereich konzentrieren.)

Schließt der Gastgeber nun die Karte, lässt sich das so interpretieren, dass er keine Vorspeise wählen möchte. Will er, sollte er das auch andeuten: „Nehmen Sie vor dem Hauptgang eine Suppe oder einen Salat?" (Eine Vorspeise soll gewählt werden.) Oder: „Mal sehen, was es für Vorspeisen gibt." (Auch hier soll eine Vorspeise gewählt werden.) Wurde für das Hauptgericht Kategorie B gewählt, kann man davon auch für die Vorspeise ausgehen.

BESTELLEN

Wenn Sie in größerer Runde essen gehen, sollten Sie sich in der Wahl der Gerichte abstimmen; je größer nämlich die Gästezahl, desto schwieriger ist es für Küche und Service, verschiedene Speisen gleichzeitig zu servieren. Das heißt nun nicht, dass jeder das Gleiche bestellen muss, aber vielleicht kann man sich auf zwei bis drei verschiedene Hauptgerichte einigen.

Wenn Sie nur einen Gang bestellen wollen, z. B. einen großen Salat, dann sollten Sie beim Bestellen angeben, ob der Salat als Hauptgang serviert werden soll – zusammen mit dem Hauptgang der anderen am Tisch.

Bestellt werden beim *Service à la carte* zunächst immer Vorspeise(n) und Hauptgang, das Dessert wird erst ausgewählt, wenn der Hauptgang verspeist ist und man absieht, ob noch Platz im Magen ist. Haben alle am Tisch ihre Wahl getroffen, sollten sie die Speisekarten zuklappen – als Signal für die Bedienung, dass die Bestellung aufgenommen werden kann.

Wer bestellt?

Wird auf getrennte Rechnung gegessen, bestellt jeder für sich. Gibt es einen Gastgeber, kann er für seine Gäste bestellen. Je nachdem, wie förmlich der Anlass und wie offiziell die Einladung, gibt er die Bestellung dem „Rang" nach auf: zuerst die der Damen, dann die der Herren, zum Schluss seine eigene. Genausogut kann der Gastgeber die Gäste natürlich auch bitten, direkt zu bestellen. Ist der Gastgeber eine Gastgeberin, gilt das nämliche.

DIE GETRÄNKEKARTE

Gibt es eine eigene Getränkekarte, wird diese in der Regel nach der Wahl der Speisen gereicht. Im Gegensatz zur Speisekarte erhält nicht jeder Gast eine Karte, sondern meist nur der Gastgeber.

Aufbau der Getränke- karte

Innerhalb der Wein- bzw. Getränkekarte stehen die Getränke wie folgt:

- Aperitifs,
- Weine: offene Weine vor Flaschenweinen, Weißweine vor Rotweinen, inländische vor ausländischen Weinen. Bei einem umfänglicheren Weinangebot sind weiße und rote Weine meist zusätzlich nach Herkunftsgebieten geordnet.
- Sekte und Champagner,
- Bier,
- Säfte und Limonaden,

- warme Getränke,
- warme Getränke mit Alkohol,
- Spirituosen.

Gesetzt, es gibt einen Gastgeber, dann erkundigt er sich nach den Getränkewünschen seiner Gäste und sucht entsprechend aus oder schlägt vor.

Er kann es aber auch dem *Chef de Rang* oder dem *Sommelier* überlassen, eine zum Essen und Preisgefüge passende Weinempfehlung zu geben.

GUT ZU WISSEN

In der Getränkekarte angegeben sind immer die Menge (z. B. 0,2 l bei Cola, 0,75 l bei Flaschenwein oder 2 cl bei Spirituosen) und der Preis, bei Spirituosen meist auch die Volumenprozente.

WEIN VERKOSTEN

Ist eine Flasche Wein bestellt, wird dem Gastgeber bzw. Besteller die Weinflasche präsentiert und dabei so gehalten, dass er das Etikett lesen kann. Er prüft, ob es sich um den bestellten Wein handelt, und vor allem um den richtigen Jahrgang(!).

Dem Gastgeber respektive Besteller (oder wer als „Weintester" fungiert) wird ein Probeschluck eingeschenkt, den er auf vier Kriterien testet:

- Farbe,
- Geruch,
- Temperatur,
- Geschmack.

Wein testen: Kriterien für die Qualität

Dazu hebt er das Glas etwas an, hält es am besten gegen eine Lichtquelle, etwa eine Kerze oder ein Fenster. Ist der Wein klar oder trüb? Zeigt er schleierartige Trübungen, deutet das auf Veränderungen in der Flasche.

Nun dreht er das Glas sachte und prüft dabei, wie der Wein an der Glasinnenseite zurückläuft. Ist der Wein dünn wie Wasser? Läuft er „ölig" zurück? Bei einem jüngeren einfachen Wein wird ersteres der Fall sein, bei einem älteren gehaltvollen Wein eher letzteres.

Prüfung des Wein- buketts

Geruch Beim Schwenken des Glases entfaltet sich der Geruch oder die Blume. Ist der Wein schlecht, hat er z.B. Korken, riecht man das. Korkgeruch, auch ein muffiger Geruch gelten als Mängel.

Geschmack Zu guter Letzt nimmt der Gastgeber einen kleinen Schluck. Dabei wird der Wein nicht gegurgelt oder auf der Zunge geschmatzt, auch wird der Probeschluck nicht ausgespruckt wie bei einer klassischen Weinprobe.

Stimmt die Tem- peratur? Gibt es Grund zur Beanstandung, sollte der Gastgeber die Flasche zurückgehen lassen. Ist er unsicher, kann er den Ober (den Sommelier) oder einen anderen Gast bitten, den Wein zu testen. Sekt oder Champagner werden nicht geprüft.

Bei älteren französischen Rotweinen oder bei Portwein setzt sich häufig ein Niederschlag am Flaschengrund ab, der nicht mitserviert werden soll. Hin und wieder wird Rotwein deshalb *dekantiert.* Das bedeutet, dass der Wein aus der Flasche vorsichtig in ein anderes Gefäß, z.B. eine Glaskaraffe, umgefüllt wird. Dabei kommt er mit Luft in Berührung und kann sein volles Aroma entfalten. Außderdem wird eventuell vorhandener Bodensatz *(Depot)* oder Weinstein vom Wein getrennt. Das erreicht man auch, indem man Rotweine im *Dekantierkörbchen* serviert, in dem die Flasche schräg liegt.

Hat der Gastgeber respektive Weintester Zustimmung signalisiert, wird den anderen Gästen, zum Schluss ihm selbst eingeschenkt. Möchte ein Gast den angebotenen Wein nicht trinken, kann er selbstverständlich ein anderes Getränk bestellen. Um einen reibungslosen Start des Essens zu ermöglichen, sollte man sich wenigstens etwas Wein einschenken lassen. Anschließend kann man immer noch nach einem anderen Getränk fragen.

Wein- wechsel

Wird der Wein mit dem neuen Gang gewechselt, geschieht das, bevor das jeweilige Gericht serviert wird. Das alte Glas wird ausgehoben, d.h. von rechts weggenommen. Bei vorschriftsmäßigem Service wird das nächste Glas etwas nach vorn gezogen, sodass es an der Stelle des abservierten Glases steht. Vor einem Getränkewechsel wird in der Regel

GUT ZU WISSEN

Das alte Glas wird beim Weinwechsel immer ausgehoben, auch wenn noch Wein im Glas ist.

nicht mehr nachgeschenkt. Wenn Sie den Wein nicht wechseln wollen, sollten Sie das der Bedienung sagen.

Im Restaurant wird Mineralwasser laut gesetzlicher Vorschrift nicht glasweise verkauft, sondern in kleinen Flaschen angeboten. Große Wasserflaschen machen sich nicht gut auf einer festlichen Tafel, mittlerweile gibt es aber auch formschöne farbige Wasserflaschen, die durchaus auf den Tisch dürfen.

Mineral- wasser

GUTEN APPETIT

In Lokalen mit gehobenem Preisniveau wird gern eine Art Vorspeise en miniature als kostenlose Aufmerksamkeit des Hauses serviert. *Amuse-Gueule* sagt man dazu auf französisch, was sowie heißt wie „Gaumenkitzel", „Gaumenfreude" und Appetit machen will auf das, was an kulinarischen Köstlichkeiten noch folgen soll.

Gruß vom Küchenchef

117

Das Menü beginnt mit der Vorspeise. Sobald jeder seine Vorspeise vor sich hat, kann es losgehen. Fehlen eines oder mehrere Essen, sollte auch nicht begonnen werden. Ausnahme: warme Vorspeisen. In größerer Runde kann es dauern, bis auch der letzte bedient ist. Haben Sie noch keine Vorspeise, sollten Sie die anderen ermuntern: „Bitte fangen Sie schon mit dem Essen an. Ich wünsche einen guten Appetit." Wer schon einen Teller vor sich hat, darf nach dieser Aufforderung ruhig anfangen.

GUT ZU WISSEN

Bei warmen Speisen muß nicht gewartet werden, bis alle ihr Gericht serviert bekommen haben.

Vor dem Hauptgang wird der Brotteller in der Regel abgeräumt. Wenn Sie noch ein Brot essen wollen, melden Sie sich, dann bleibt der Teller stehen. Apropos Brot: In der Regel kommt Brot (geschnittenes Baguette oder kleine Brötchen, neuerdings auch Schwarzbrot) als erstes auf den Tisch, dazu gibt es Butter, Schmalz oder einen anderen Aufstrich – auch das ist eine Art Aufmerksamkeit des Hauses. Das Brot wird nun keinesfalls mit dem Messer geschnitten und wie ein Butterbrot geschmiert, sondern vielmehr in mundgerechte Stücke gebrochen, auf die – Häppchen für Häppchen – Butter oder sonstiger Aufstrich kommt.

Und weil wir gerade beim Brot sind: Frühstücksbrötchen isst man auf die nämliche Weise, mit Messer und Gabel geschnitten werden dagegen größere (belegte) Brotscheiben. Abgetragen werden sollte generell erst, wenn alle mit einem Gang fertig sind. Ansonsten wird so lange gewartet, bis auch der Letzte sein Mahl beendet

Ein guter Service ist aufmerksam, aber nicht aufdringlich

hat. Es ist eine weit verbreitete Unsitte, den Teller wegzunehmen, kaum dass der Gast den letzten Bissen in den Mund geschoben hat. Von schlechtem Service zeugt es auch, wenn das letzte Glas oder die letzte Tasse abgeräumt wird, sobald der Gast ausgetrunken hat. Der Service sollte immer ein Glas, eine Tasse oder ein anderes Geschirrteil stehen lassen. Das zeigt dem Gast, dass er willkommen ist, auch wenn er längere Zeit nichts bestellt hat.

In Österreich ist es vielerorts üblich, dem Gast immer wieder ein frisches Glas Wasser hinzustellen. Auch das sagt, dass der Gast willkommen ist, egal wie lange die Verweildauer oder wie teuer der Verzehr. Werten Sie derartiges Verhalten ruhig als Gradmesser für guten oder schlechten Service und berücksichtigen das bei der Höhe des Trinkgeldes.

Beim Abservieren wird die Bedienung höflicherweise fragen, ob es geschmeckt hat Die Frage, auch wenn sie lediglich routinemäßig gestellt wird, sollten Sie ruhig ehrlich beantworten.

Wird der Käse nicht schon auf Tellern portioniert serviert, sondern vom Wagen oder einer größeren Platte angeboten, dann sollten Sie sich maximal drei Stückchen auf den Teller geben lassen. Als Vielfraß outet sich auch, wer bei Dessert-Service vom Wagen großzügig mehrere Portionen ordert. Wenn Sie von allem etwas probieren wollen, sollten Sie die Bedienung bitten, Ihnen einen gemischten Nachspeisenteller zusammenzustellen.

DIE MUNTERMACHER:
KAFFEE ODER MOKKA

Vor dem Mokka werden alle Gedeckteile abgeräumt. Es befindet sich also kein Besteckteil mehr auf dem Tisch,

kein Glas – abgesehen vom Digestif- – oder einem Champagnerglas, sofern Champagner nach der Speisenfolge weiter gereicht wird. Sollte noch der Gedeck- oder Platzteller aufliegen, wird er jetzt ausgehoben.

Neben Mokka, einem starken Kaffee, können alle üblichen Kaffeegetränke ausgewählt werden, z.B. Kaffee mit Sahne oder Milch, Espresso, Capuccino, koffeinfreier Kaffee. Es ist nicht üblich, Tee zu servieren, kann aber auf Wunsch getan werden.

Ist der Kaffee getrunken, bleibt die Tasse zunächst im Gedeck stehen. Während Sie in den USA generell Kaffee nachgeschenkt bekommen, ist das hierzulande nicht üblich.

GEISTVOLLER ABSCHLUSS:
DER DIGESTIF

Der Aperitif macht den Auftakt, der Digestif beschließt das Menü. Meist wird er zum Kaffee oder direkt anschließend serviert.

Der Digestif kann auf vier Arten serviert werden:

- bereits eingeschenkt im Glas,
- eingeschenkt am Beistelltisch,
- eingeschenkt vom Tablett aus,
- eingeschenkt vom Digestif-Wagen aus.

Der Digestif-Wagen wird hinter dem Gast aufgefahren, sodass die Flaschenetiketten in Richtung Gast zeigen. Der Gast wählt sich seinen Digestif aus, der am Wagen einge-schenkt und von rechts ins Gedeck gestellt wird. Es darf in der Regel zweimal serviert werden.

MIT KINDERN IM RESTAURANT

Kinderstühle signalisieren in vielen Restaurants, dass Kinder, gerade auch Kleinkinder, willkommen sind. Auch spezielle Kindergerichte oder -portionen finden sich mitt-lerweile auf vielen Speisekarten, viele Lokale gehen mit einer originell gestalteten Kinderkarte auf die Bedürfnisse ihrer kleinen Gäste ein.

Wenn Sie sich nicht sicher sind, ob das Lokal das rich-tige für ein Essen mit Kindern ist, rufen Sie an und er-kundigen sich: Gibt es einen besonderen Service für Kinder? Bei der Tischreservierung können Sie um einen kinderfreundlichen Platz bitten – mit ausreichend Platz für den Kinderwagen oder auch in einem Raum, der nicht verraucht ist.

Mit Recht fordern Eltern mehr Toleranz für Kinder. Und verständlich ist, dass Kinder nicht stundenlang mucksmäuschenstill am Tisch sitzen können. Respektie-ren sollten Eltern aber auch, dass andere Gäste des Lokals mit gleichem Recht ihr Essen genießen wollen. Und auf Dauer kann es auch verständnisvolle Tischnach-barn schlichtweg stören, wenn Kinder permanent laut-stark quengeln.

»Leckerland«
für Kinder

Weißer Hai   DM 7.00
Fischstäbchen mit
Kartoffelsalat

Schweinchen Dick   DM 7.50
Hacksteak mit
Pommes Frites

Mister Rabbit   DM 7.00
Bunter Salatteller

Gegen Langeweile läßt sich vorbauen. Bringen Sie Spielzeug mit, manche Lokale halten Papier und Buntstifte für Kinder bereit. Die Geduld der Kinder sollte nicht über Gebühr strapaziert werden, weil sich das Essen endlos in die Länge zieht. Fragen Sie bei der Bestellung, wie lange es voraussichtlich dauert, bis das Essen kommt. Vielleicht kann das Kindermenü auch vorab serviert werden.

Die Bedienung bringt in aller Regel mehr Verständnis auf und wird sich mehr einsetzen, wenn sie weiß, warum Sie den einen oder anderen besonderen Wunsch haben – und mancher Koch macht sogar eine Ausnahme und lässt sich von Kindern in die Töpfe gucken.

GUT ZU WISSEN

Wird die Limonade oder die Apfelsaftschorle zu kalt serviert, lässt sich mit einem Bierwärmer schnell Abhilfe schaffen. Fragen Sie den Service.

Geschäftsessen

Bei einem Geschäftsessen, angesichts kulinarischer Genüsse, läßt sich Geschäftliches in entspannter Atmosphäre oft besser besprechen als im sterilen Konferenzraum. Wenn Sie zu einem Geschäftsessen einladen, sollten Sie ein Restaurant wählen, in dem Sie ungestört (in einer Ecke oder Nische) sitzen und reden können. Eine vorherige Tischreservierung ist deshalb immer sinnvoll.

Im Englischen spricht man vom *Business-Lunch,* womit schon angedeutet ist, dass es sich um ein Mittagessen handelt. Nach der Maxime „Zeit ist Geld" wird man daher in der Regel kein opulentes Menü wählen, sondern beim einfachen Menü mit Vorspeise, Hauptgang und Dessert bleiben. Als Gastgeber sollte man vor der Bestellung andeuten, welchen Umfang das Essen haben soll oder vorab ein Menü auswählen. In diesem Fall empfiehlt es sich, einen alternativen Menüvorschlag anzubieten.

Gut überlegt sein will die Sitzordnung. Wer kann mit wem ist ein Kriterium, das wichtigere ist in diesem Fall aber vielleicht: wer soll mit wem ins Gespräch kommen.

Auch wenn Sie im Restaurant und nicht im Büro sind, sollten Sie die Hierarchie, die das Geschäftsleben etabliert hat, beachten. Egal ob Frau oder Mann, bei Begrüßung und Vorstellung gilt als ranghöher, wer in der Betriebshierarchie an entsprechender Stelle steht. Kunden sollten generell als „ranghöher" rangieren. Was im privaten Bereich noch gelten mag: die Dame bleibt sitzen, die Herren erheben sich zur Begrüßung, ist beim Geschäftsessen fehl am Platz. Dame wie Herr stehen zur Begrüßung von Geschäftspartnern und Kunden auf.

Auch andere geschäftsspezifische Unterschiede im Benimm sind beim Geschäftsessen außer Kraft: Die Gastgeberin wird selbstverständlich auch als erste das Lokal betreten und nach dem (reservierten) Tisch fragen und sie wird ebenso selbstverständlich den Wein probieren und um die Rechnung bitten.

Business-Lunch

Auswahl des Menüs

Chef bleibt Chef!

Handelt es sich um eine lange geplante Einladung, kann man mit dem Verantwortlichen im Restaurant vorab vereinbaren, dass nach Rechnungsstellung gezahlt wird. Bei größeren Anlässen ist das üblich, da man gegebenenfalls als Gastgeber nicht bis zum Ende der Einladung anwesend sein kann.

Ansonsten wird direkt nach dem Essen bezahlt. Grundsätzlich gilt, dass der bezahlt, der bestellt. Angenommen, Sie sind mit mehreren Bekannten unterwegs und haben sich auf getrennte Rechungen geeinigt, dann sagen Sie das am besten schon bei der Bestellung. Hin und wieder „überbieten" die Gäste sich gegenseitig, wer bezahlen „darf". Um das zu vermeiden, sollten Sie vorab eindeutig klären, wer zahlt.

Rechnung zum Absetzen

Wenn Sie die Rechnung absetzen wollen, muss die Gesamtrechnung alle Einzelposten (Speisen und Getränke) getrennt ausweisen, Datum und Zahl der Personen beinhalten. Die Endsumme muss als solche kenntlich und gut lesbar ausgedruckt sein, handgeschriebene Beträge dürfen nicht nachträglich hinzugefügt sein.

Die Rechnung wird in der Regel verdeckt gereicht: Die anderen Gäste sollen den Rechnungsbetrag nicht einsehen können. Die verdeckte Rechnung wird dem Gastgeber von rechts auf den Platz gelegt.

Zunächst sollte man sich die Endsumme ansehen. Ist der Betrag höher als erwartet, empfiehlt es sich, die Einzelposten diskret zu überprüfen. (Stimmt die Anzahl der Hauptgänge mit der Zahl der Gäste überein etc.?) Gegebenenfalls entschuldigt sich der Gastgeber, entfernt sich zum Bezahlen vom Tisch und klärt strittige Punkte mit dem *Chef de Service* oder der Bedienung. Wenn der Gastgeber die Rechnung studiert, unterhalten sich die anderen Gäste weiter und versuchen nicht herauszubekommen, auf welche Höhe sich die Rechnung beläuft.

Stimmt alles?

BAR ODER MIT KREDITKARTE

Ist die Rechnung in Ordnung, legt der Gastgeber den Betrag mit der Rechnung auf den Teller oder in die Rechnungsmappe. Der Oberkellner oder die Bedienung nimmt Rechnungsmappe samt Geld mit und bringt die Mappe mit eingefügtem Rückgeld wieder zurück. Der Gastgeber entnimmt Rückgeld und Rechnung und lässt nach eigenem Ermessen Trinkgeld liegen. Gastgeber und Gäste können das Lokal jetzt verlassen oder warten, bis der Service den Rechnungsteller mit dem Trinkgeld dankend abholt.

Wenn Sie mit Kreditkarte zahlen wollen, erkundigen Sie sich erst, ob Kreditkarten akzeptiert werden. Ihre Kreditkarte legen Sie mit der Rechnung in die Mappe und bekommen den Kartenausdruck in der Mappe zurück. Stimmt der Betrag, unterschreiben Sie an entsprechender Stelle und legen das Trinkgeld bar dazu. Die Bedienung entnimmt das Trinkgeld und legt Rechnung und Durchschlag als Beleg in die

GUT ZU WISSEN

In der Gastronomie ist es nicht üblich, mit (Euro-)Scheck zu bezahlen.

Mappe. Es ist auch möglich, Trinkgeld per Kreditkarte zu zahlen. Der Geschäftsreisende kann Trinkgeld nur dann steuerlich geltend machen, wenn ein entsprechender Beleg vorliegt. Deshalb ist es für ihn besser, wenn Trinkgeld über die Kreditkarte abgerechnet wird. Im anderen Falle „muss" der Kassierende das Trinkgeld mit seiner Unterschrift quittieren.

Fast alle Kreditkarten-Unternehmen, rechnen Tips gesondert und damit spesenfrei ab.

DIE HOHE GUNST DES TRINKGELDS

Sie können bei Begleichung der Rechnung den Betrag so bemessen, dass das Trinkgeld inklusive ist. Zur Bedienung sagen Sie dann: „Stimmt so".

Ist der Betrag größer als der Rechnungsbetrag plus Trinkgeld, können Sie das Trinkgeld addieren und der Bedienung den Betrag nennen, den sie herausgeben soll: „Geben Sie mir bitte 20 Mark zurück." „Runden Sie bitte auf 50" auf (wobei hier die letzten beiden Stellen vor dem Komma gemeint sind, also zum Beispiel 250,-- DM). Dritte Möglichkeit: Sie nennen der Bedienung eine Endsumme, die das Trinkgeld beinhaltet: „270,--" (bei einem Rechnungsbetrag von 250,-- DM). Nachteil: Die

Gäste kriegen mit, auf welche Höhe sich der Rechnungsbetrag beläuft, was Sie vielleicht vermeiden wollen. Allerdings: In Deutschland wird aus dem Zahlen oft ohne Grund eine peinliche Angelegenheit gemacht. Ein gutes Essen hat seinen Preis, und der ist aus der Speisekarte ohnehin im Wesentlichen ersichtlich.

In Deutschland, Österreich und der Schweiz sowie anderen europäischen Ländern muss der Gast kein Trinkgeld geben. Alle Preise auf der Speisekarte beinhalten Mehrwertsteuer und Service. Anders verhält es sich beispielsweise in den USA, wo sich die Preise exklusive Service verstehen und der „Tip" bzw. das Trinkgeld deshalb ein echtes Muss ist. *Service inklusive*

Ist der Service im Preis enthalten, bleibt es dem Gast überlassen, ob und wie viel Trinkgeld er geben möchte. Er zeigt damit, in welchem Maße er mit der gebotenen Leistung zufrieden war. Dazu gehört die Qualität des Essens, der Service, aber auch die Freundlichkeit des Personals. Sollte der Gast also mit etwas nicht zufrieden sein, wird er sich überlegen, ob er wirklich Trinkgeld geben will. Andererseits wird Trinkgeld mehr oder weniger erwartet. Will der Gast dem Küchenpersonal Trinkgeld zukommen lassen, sollte er das extra sagen, ansonsten fließt das Trinkgeld automatisch in die Servicekasse.

Auf Urlaubsreisen stellt man immer wieder fest, dass gezielt und richtig eingesetztes Trinkgeld oft wahre Wunder bewirkt. Einige Gäste haben immer den schönsten Tisch im Restaurant, werden immer zuerst bedient und scheinen auch größere Portionen zu bekommen … *Wie viel Trinkgeld ist angebracht?*

Auch hierzulande sind die Gehälter im Service nicht sehr hoch. Ein Trinkgeld für eine gute Leistung und freundlichen Service kann sich da durchaus motivierend auswirken.

Als Faustregel für die Höhe des Trinkgeldes gilt:

- Rechnungsbetrag bis 100,-- DM: ca. 10 % des Betrags,
- Rechnungsbetrag ab 100,-- DM: ca. 5 % des Betrags.

Krumme Beträge werden nach oben aufgerundet. Je kleiner der Betrag, desto höher der Prozentsatz. Das Trinkgeld wird dem Mitarbeiter gegeben, der kassiert. In vielen Häusern gibt es ein sogenanntes *Tronc-System,* in das alle Trinkgelder fließen und aus dem in wöchentlichen oder monatlichen Abständen das Trinkgeld nach Punkten verteilt wird.

Dieses System hat den Vorteil, dass auch Mitarbeiter einen Anteil bekommen, die nicht direkt mit dem Gast zu tun haben.

REKLAMATION

Fehler passieren überall. Reklamiert werden sollte aber nur, wenn es wirklich einen Grund zur Beanstandung gibt. Dann sollten Sie allerdings umgehend reklamieren, sodass der Service auch die Möglichkeit hat, den Fehler zu beheben oder Sie anderweitig zu entschädigen.

Was kann alles ein Grund für eine Reklamation sein? Wenn Sie zu lange warten müssen, wenn eine Bestellung vergessen wurde, wenn der Salzstreuer leer oder verstopft ist – allgemein der Service schlecht ist. Störend und durchaus ein Grund zur Beschwerde kann auch ein schmuddeliger Gesamteindruck sein: Wenn beispielsweise an der Tischdecke ablesbar ist, was die Gäste vor Ihnen gegessen haben, die Gläser Lippenstift ziert und die Bestecke Essensreste und Fingerabdrücke aufweisen, die für jede polizeiliche Ermittlung ein gefundenes Fressen wären, ansonsten aber nur unappetitlich sind. Ärgerlich ist es auch, wenn das WC nicht sauber ist, wenn es kein Toilettenpapier gibt und die Handtuchrolle leer ist. Stimmen sollten in jedem Fall Qualität und „Aggregatzustand" der Speisen: Sie haben allen Grund, sauer zu reagieren, wenn das Essen versalzen oder die Milch sauer ist, wenn das Eis als Sauce serviert wird, der Kaffee kalt und der Weißwein zu warm ist.

Anlass zur Beanstandung

Bei allem Ärger: Behalten Sie ruhig Blut, bitten Sie den zuständigen Angestellten zu sich, erklären Sie Ihr Anliegen und hören Sie sich erst einmal an, was er oder sie dazu zu sagen hat. Mit folgenden Antworten sollten Sie sich auf keinen Fall abspeisen lassen:

Bleiben Sie sachlich

- „Das wird bei uns immer so zubereitet."
- „Da sind Sie aber der erste, der reklamiert."
- „Der Küchenchef hat Ausgang."
- „Da kann ich doch nichts dafür."

Kann (oder will) die angesprochene Bedienung keine Abhilfe schaffen, bitten Sie um ein Gespräch mit dem Oberkellner *(Chef de Service)* oder dem Geschäftsführer.

Dem Service stehen drei Möglichkeiten offen, entstandenen Schaden zu beheben:

Das kann der Service für Sie tun

- Ersatz

Beispiel: Das Essen ist kalt, es wurde ein falsches Essen serviert. Das Essen wird zurückgenommen, ein neues heiß serviert, das bestellte Gericht wird gebracht.

- Hilfe

Beispiel: Die berühmte Sauce hat sich über den Anzug oder ein sonstiges Kleidungsstück gegossen. Die Bedienung bringt eine Schüssel oder Schale mit lauwarmem Wasser und einem feuchten Tuch, damit der Gast sich die Sauce vom Anzug wischen kann, außerdem wird angeboten, die Reinigungskosten zu übernehmen.

- Preisnachlass

Beispiel: Das Dessert aus dem Menü wurde auch nach einer Stunde Wartezeit noch nicht serviert. Da der Gast einen Termin wahrnehmen muss, kann er nicht länger warten. Das Dessert wird nicht berechnet, möglicherweise ein zusätzlicher Preisnachlass eingeräumt (Speisen auf Rechnung des Hauses).

FEIERN IM RESTAURANT

Es kann viele Gründe geben, ins Restaurant einzuladen statt im trauten Heim zu feiern. Platzmangel zu Hause ist sicher ein Grund, ein anderer die Arbeits- und Zeitersparnis – ein Faktor, der für berufstätige Gastgeber oft den Ausschlag gibt. Ein Großteil der Planung und Vorbereitung, vom Einkaufen bis zum Kochen, entfällt beim Feiern im Restaurant. Die Gastgeber können sich wesentlich intensiver um ihre Gäste kümmern. Die Wohnung sieht „am Tag danach" nicht aus wie ein Schlachtfeld, und das Menü kann kulinarische Höhenflüge und Speisenkombinationen bieten – so die Küche das hergibt und die Finanzen es zulassen.

Professionell: die Küche im Restaurant

Womit ein wichtiger Aspekt angesprochen wäre: Jeder Handgriff im Restaurant muss bezahlt werden. Als Gastgeber sollte man den eigenen Kostenrahmen deshalb im Vorfeld abstecken, das Budget ist nicht zuletzt eine wichtige Maßgabe für die Wahl des Lokals.

DAS RICHTIGE LOKAL

Den ersten Anhaltspunkt für die Wahl des Lokals stellt der Anlass dar. Für ein Abendessen mit Freunden ist die Pizzeria um die Ecke genau richtig, für die große Hochzeitsfeier mit Familie und Freunden wäre das vielleicht nicht der passende Rahmen. Wie wollen Sie feiern? Mit großem Auftrieb, in gediegenem Ambiente, mit Tanz – oder eher leger bis flippig?

Der passende Rahmen für Ihre Feier

Wie viele Gäste wollen Sie einladen? Entsprechend muss das Lokal über Platz verfügen, vielleicht einen separaten Raum oder Saal bieten und auch in puncto Küche und Service die Zahl der Gäste bewältigen können.

Ist das Restaurant zentral gelegen oder eher schwierig zu erreichen? Besteht die Möglichkeit, dort oder in der Nähe auch zu übernachten? Gibt es Gäste mit besonderen Bedürfnissen? Sollte der Eingang zum Beispiel rollstuhlgängig sein oder sind unter den Gästen Mütter, die zum Stillen einen Raum brauchen, in den sie sich zurückziehen können?

Last but not least ist die Küche ein wichtiges Entscheidungskriterium. Probieren geht bekanntlich über Studieren, es empfiehlt sich daher, die Küche zu testen und vorab im anvisierten Lokal essen zu gehen.

Kümmern Sie sich frühzeitig um das Lokal. Restaurants mit entsprechenden Räumlichkeiten und guter Küche sind oft langfristig ausgebucht, gerade zu Terminen, die bei vielen Leuten gefragt sind. Kommunion und Konfirmation werden beispielsweise alljährlich um Ostern herum gefeiert, und im Wonnemonat Mai geben sich Verliebte besonders gern das Jawort.

Frühzeitig reservieren

Absprache ist alles

Stehen die Eckdaten für Ihre Einladung, wie Termin und geplante Gästezahl, fest und haben Sie eine Vorstellung entwickelt, was Sie Ihren Gästen bieten wollen, dann sollten Sie mit dem Gastwirt, dem *Chef de Service* oder Geschäftsführer einen Termin vereinbaren, um alle wichtigen Punkte durchzusprechen. Machen Sie sich eine Checkliste mit Fragen, die geklärt werden sollten, und Ihren Vorstellungen. Lassen Sie sich nicht auf die Schnelle abspeisen! Sind Sie handelseinig geworden, sollten Sie in jedem Fall einen detaillierten Kostenvoranschlag und eine schriftliche Bestätigung der Reservierung erbitten. Und: Vereinbaren Sie, in welcher Form und wann die Rechnung gestellt werden soll.

Das Menü

Die meisten Lokale haben fertige Vorschläge in unterschiedlichen Preisklassen in der Schublade, genausogut können Sie aber auch spezielle Wünsche äußern: Ihr Lieblingsessen, eine vegetarische Speisenfolge, ein besonderes Dessert. Eine Alternative zum Menü ist das Buffet mit kalten und/oder warmen Speisen. Am Buffet können die Gäste sich selbst bedienen, warme Speisen werden häufig vorgelegt. Menü- und Buffetservice können auch kombiniert werden, Sie können beispielsweise das Menü am Tisch servieren lassen und anschließend ein Nachtischbuffet anbieten oder umgekehrt nach einem kalt-warmen Buffet um Mitternacht die berühmte Gulaschsuppe auftischen.

Lecker: ein Nachtischbuffett

DIE GETRÄNKE

Bei der Wahl der Getränke sollten Sie die Speisenfolge im Menü berücksichtigen; lassen Sie sich beraten (siehe dazu auch S. 52 ff.). Gerade bei den Getränken ist es wichtig, die Kostenfrage im Auge zu behalten und genau zu vereinbaren, was auf Ihre Rechnung geht und was nicht (siehe dazu auch S. 139). Fragen Sie ruhig, wie die Getränke abgerechnet werden bzw. wie die Rechnung die Getränke ausweist.

Die Zeit des einheitlichen Alkoholkonsums bei Festivitäten aller Art ist glücklicherweise vorbei. Niemand sollte heute dazu genötigt werden, Alkohol zu trinken; viele wollen, können oder dürfen gar keinen Alkohol

trinken. Bieten Sie grundsätzlich alkoholfreie Getränke an, stimmen Sie ab, welche. Gegebenenfalls kann das Angebot an alkoholfreien Getränken auf der *Menükarte* verzeichnet sein.

Apropos Menükarte: Wenn Sie eine spezielle Gestaltung, einen besonderen Text haben wollen, sollten Sie das in jedem Fall absprechen – anfallende Extrakosten gehen in der Regel zu Ihren Lasten.

Freie Wahl der Getränke bei open bar

Wenn Sie ein *Aperitifbuffet* bestellen, sollten Sie spezifieren, welche Getränke das Buffet bieten soll. Wenn Sie *open bar* vereinbaren, heißt das, dass auch alle anderen in Frage kommenden Spirituosen ausgeschenkt werden können.

DIE DEKORATION

Wollen Sie das Dekorieren selbst übernehmen oder dem Lokal überlassen? In der Regel kümmert sich das Restaurant um den Blumenschmuck, auch hier können Sie natürlich Ihre Wünsche einbringen. Welcher Kostenrahmen soll dafür veranschlagt werden? Wenn Sie die Dekoration selbst übernehmen, sollten Sie mit dem *Chef de Service* abstimmen, wann die Tische eingedeckt sind, sodass Sie dekorieren können.

Der Ablauf der Veranstaltung

Reden und andere Programmpunkte, z. B. musikalische Einlagen, sollte man unbedingt einplanen und mit der Küche abstimmen.

Programm mit der Küche absprechen

Vor dem Essen wird der Gastgeber seine Gäste mit einigen Sätzen begrüßen – halten Sie sich an die alte Rednerweisheit, dass man über alles reden darf, nur nicht über fünf (bis zehn) Minuten.

Bei der Küche unbeliebt macht man sich, wenn nach respektive vor jedem Gang eine oder gar mehrere Reden geschwungen werden. Längere Toasts und Reden plant man idealerweise erst vor dem Nachtisch ein, wenn ohnehin eine Pause beim Essen eingelegt wird.

Für was muss noch gesorgt sein?

Braucht es für musikalische Darbietungen ein Klavier oder entsprechenden Freiraum, ist das ein weiterer Punkt, der der Absprache bedarf.

Ist ein reicher Geschenkesegen zu erwarten, muss es einen Tisch geben, auf dem die Geschenke abgelegt werden können. Vorsichtshalber sollte man sich auch vorab erkundigen, ob Blumenvasen bereitgestellt werden können, vielleicht ein Extraständer für die Garderobe vonnöten ist.

Die Anordnung der Tische

Bei größerer Personenzahl gibt es verschiedene Möglichkeiten, die Tische zu stellen. Auch das sollten Sie mit dem *Chef de Service* besprechen. Meist gibt es Erfahrungswerte, welche Tischform bzw. -anordnung in den vorgesehenen Räumlichkeiten sinnvoll ist.

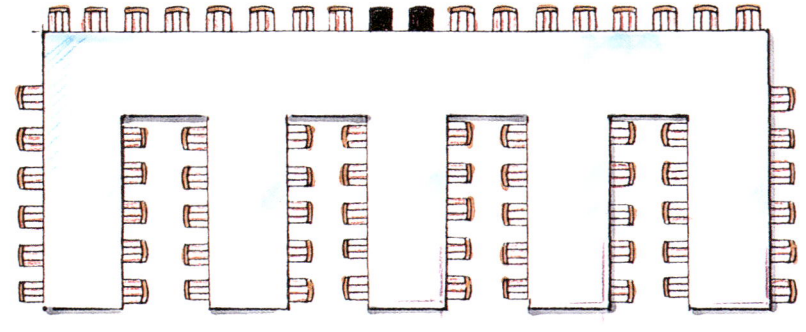

Tisch-
formen
für eine
größere
Zahl von
Gästen

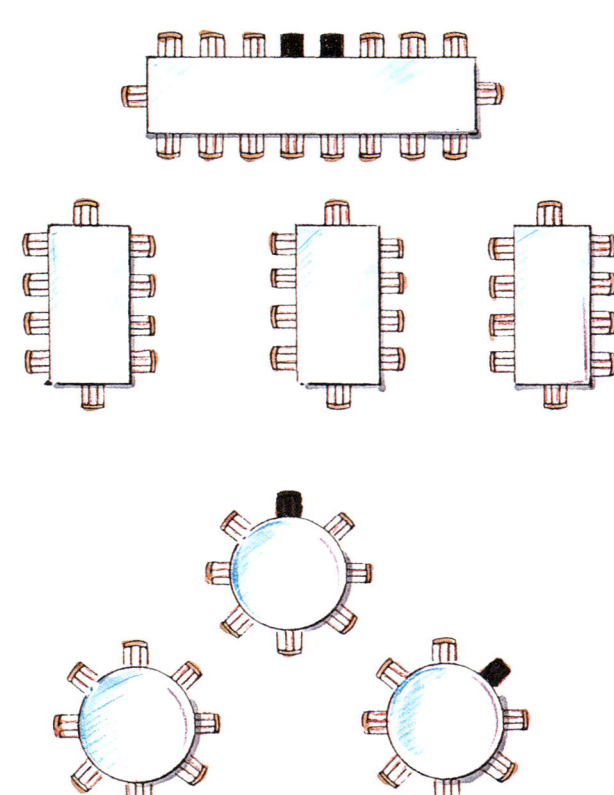

Plätze der
Gastheber

- Menü und Weine sollten zwei bis drei Wochen vor dem Fest bestellt werden.
- Die genaue Zahl der Gäste sollten Sie eine Woche vorher mitteilen und spätestens ein bis zwei Tage vor dem Fest nochmals verbindlich bestätigen.
- Gibt es ein Programm, wird das Essen durch Reden oder sonstige Darbietungen unterbrochen, sollte das mit Küche und Service am Tag der Einladung nochmals kurz durchgesprochen werden.

DIE EINLADUNG

Die Einladung zur Feier im Restaurant enthält dieselben Punkte wie die Einladung nach Hause. Zusätzlich sollte ersichtlich sein, wo die Einladung stattfindet:

- der Ort/die Stadt,
- der Restaurantname,
- die Anschrift.

Stuttgart, den 28. Juli

Liebe Rosmarie, lieber Herbert,

am 22. August sind wir auf den Tag genau 25 Jahre verheiratet. Wir laden euch herzlich ein, die Silberhochzeit mit uns zu feiern.
Wir treffen uns zum Aperitif vor dem Abendessen um 18.00 Uhr im Bebenhäuser Landhotel Hirsch (Adresse u. Anfahrt siehe Hausprospekt).

Auf euer Kommen freuen wir uns sehr,
Hilde und Richard

U.A.w.g. bis 10. August

Wenn Sie nicht sicher davon ausgehen können, dass Ihre Gäste wissen, wo das Restaurant liegt, ist eine Kopie aus dem Stadtplan oder eine Anfahrtsskizze hilfreich.

Köln, 1. September

Liebe Ulla, lieber Klaus,

wir laden euch recht herzlich zum feuchtfröhlichen Umtrunk am Donnerstag, den 18. September ab 20.00 Uhr in den Kölner Bürgerkeller ein. Wo ihr den Bürgerkeller findet, markiert das X auf beigefügter Kopie aus dem Stadtplan.
Ein großes Fass Kölsch ist schon kalt gestellt. Rustikale Speisen gibt es ab DM 15.

Wir freuen uns auf euch, bis dahin alles Gute

Petra und Michael

P.S.: Gebt doch bitte bis spätestens 10. September kurze telefonische Rückmeldung, ob ihr kommt.

Aus dieser Einladung entnimmt der Gast, dass es
■ sich um einen gemütlichen, ungezwungenen Abend handelt, festliche Garderobe also unangebracht wäre,
■ frisch gezapftes Bier geben wird, das auch von dem Gastgebern bezahlt wird,
■ zwar ein Speisenangebot gibt, das Essen aber von jedem Gast selbst bezahlt werden muss.

Durch den Hinweis in der Einladung ersparen Sie den Gästen Verdruss und sich eine unangenehme Überraschung, wenn es ans Bezahlen geht.

Was zahlt der Gastgeber?

Zahlt der Gastgeber immer alles? Nein, das haben wir eben schon beantwortet. Wichtig: Gäste und Verantwortliche im Restaurant sollten wissen, was auf wessen Rechnung geht. Den Gästen kann man das in der Einladung signalisieren, mit dem Restaurant sollte eine klare Abmachung getroffen sein. Je klarer die Absprache, desto sicherer können sich die Gäste bewegen.

Eine teilweise Bezahlung durch den Gastgeber könnte so geregelt werden:

■ zeitlich. Bis 24.00 Uhr alles auf Gesamtrechnung, danach Selbstzahler. Oder zwischen 20.00 Uhr und 24.00 Uhr alles auf Gesamtrechnung.

■ räumlich. Im Festraum „Balthasar" geht alles auf Gesamtrechnung, außerhalb (an der Bar beispielsweise) müssen die Gäste selbst zahlen.

■ nach Art. Die Speisen zahlt der Gastgeber, die Getränke die Gäste. Oder: Alkoholische Getränke außer Bier und offenen Weinen zahlen die Gäste selbst.

In der Regel sollte man als Gast Tabakwaren (Zigarren, Zigarillos und Zigaretten) selbst und direkt zahlen, sofern der Service nicht ausdrückliche Anweisung hat, dass diese Artikel ebenfalls auf die Gesamtrechnung zu buchen sind. Werden Tabakwaren zum Kaffee angeboten, darf davon ausgegangen werden, dass der Gastgeber zahlt. Das gilt auch für alle Speisen und Getränke, die auf Anweisung des Gastgebers gereicht werden, z. B. den Digestif.

Bedauerlicherweise findet sich in jeder Gästegruppe ein „harter Kern", der die Bar erst dann verlässt, wenn die ersten Frühstücksgäste auftauchen. Dieser Getränkekonsum ist normalerweise nicht eingeplant und kann das Budget ganz schön „über den Haufen" werfen.

Gut zu wissen

Sind Sie als Gast im Zweifel, für was der Gastgeber die Zeche übernimmt, sollten Sie davon ausgehen, selbst zu zahlen.

Nehmen wir an, Sie haben zu einem Bankett eingeladen, das in einem großen Haus stattfindet, in dem noch andere Gäste oder -gruppen feiern. Nun sind Sie ein großzügiger Gastgeber und haben *open bar* vereinbart; alle Getränke an der Bar werden zu Ihren Lasten verbucht. Bei aller Großzügigkeit wollen Sie aber nicht noch für die Getränke fremder Restaurant-/Hotelgäste aufkommen. Damit das nicht passiert, erhalten Ihre Gäste ein Erkennungszeichen, das dem zuständigem Service-Personal bekannt ist.

Gutscheine und Wertmarken

Diese Marken werden vom Gastgeber vorab gekauft und können individuell, mengen- oder wertmäßig, an die Gäste verteilt werden, die dafür an Bar, Theke oder Buffet Speisen und Getränke erhalten. Damit kann der Gastgeber im abgesteckten Budgetrahmen bleiben. Hat der Gast keine Wertmarken mehr, muss er den Rest selbst bezahlen.

Tisch- und Tafelplan

Bei Veranstaltungen mit größerer Personenzahl ist ein Tisch- oder Tafelplan sinnvoll. Aus dem Plan kann der Gast schnell ersehen, wo sein Platz ist und wer seine Tischpartner bzw. Tischnachbarn sind.

Meistens findet sich der Tisch- oder Tafelplan in dem Raum, in dem der Aperitif gereicht wird. Gibt es dafür keinen separaten Raum, ist der Plan an zentraler Stelle, oft am Eingang zu dem Raum, in dem gefeiert wird, aufgestellt oder ausgehängt.

Wer sitzt wo?

Auf dem Plan ist die Tafel eingezeichnet, die Umrisse des Raums und der Eingang, bei größeren Räumen helfen weitere Orientierungspunkte wie Fenster oder Tanzfläche. Bei einer größeren Gesellschaft sollten die Tische der besseren Übersichtlichkeit halber nummeriert oder mit Buchstaben gekennzeichnet sein. Die Namen der Gäste sind nach Tischen eingetragen, Namen und Tische auf einer Gästeliste zugeordnet.

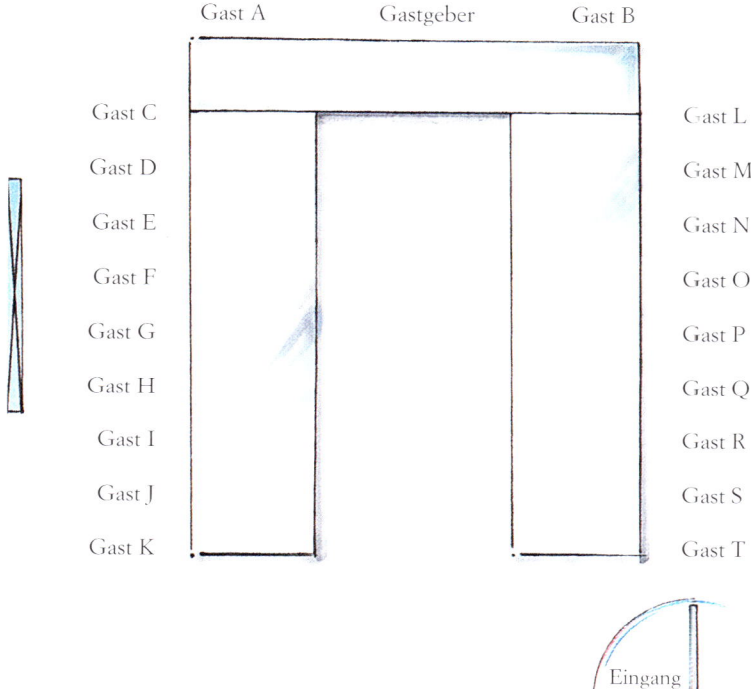

Gast A   Gastgeber   Gast B

Gast C   Gast L

Gast D   Gast M

Gast E   Gast N

Gast F   Gast O

Gast G   Gast P

Gast H   Gast Q

Gast I   Gast R

Gast J   Gast S

Gast K   Gast T

Eingang

*Schreib-
weise der
Namen*

Bei Paaren sollte keiner als Anhängsel geführt werden nach dem Muster „Herr Schmidt und Frau". Korrekterweise führt man jeden Gast mit Vor- und Nachnamen auf, also z. B.: „Dr. Gerda Schmidt und Hans Schmidt". Sind die Vornamen nicht bekannt, müssen Sie sich mit „Herr" bzw. „Frau" behelfen, also „Frau Dr. Schmidt und Herr Schmidt".

Ob so oder so, in jedem Fall sollten Sie es einheitlich handhaben und die gleiche Schreibweise auch auf den Tischkarten beibehalten. Übrigens: Der Titel gehört zum Namen. Im privaten Rahmen wird das allerdings nicht unbedingt so eng gesehen.

Der Vorname allein oder auch „Tante Gerda" und ähnliche Verwandtschaftsbezeichnungen können zu Missverständnissen und Peinlichkeiten führen. Vornamen gibt es vielleicht doppelt, und sollte just neben Tante Gerda ein Gast sitzen, der mit ihr nicht verwandt oder verschwägert ist, weiß der nun nicht, wie die Dame richtig heißt.

STEHEMPFANG

Wie der Name schon sagt, kann man sich beim Stehempfang nicht setzen. Ganz ohne Sitzgelegenheiten geht es trotzdem nicht ab: Sie sollten daran denken, dass längeres Stehen für einige Gäste (gerade Ältere oder auch Gehbehinderte) womöglich beschwerlich ist. Mit einem Stehempfang lässt sich eine größere Zahl von Personen auch ohne größeren Aufwand bewirten – und: im Rahmen bleibt auch die Dauer der Einladung. In der Regel geht der Stehempfang nicht wesentlich länger als zwei Stunden. Gerade bei Hochzeiten beliebt: Ein Empfang für alle Freunde und Bekannten nach der Trauung und im Anschluss an den Empfang eine Feier im kleineren Kreis ausschließlich für geladene Gäste.

Die Gäste sollten nicht auf dem Trockenen stehen: Getränke können zur Selbstbedienung auf einem Tisch bereitgestellt sein oder serviert werden. Auch hier gilt: Sie sollten mindestens ein alkoholfreies Getränk anbieten. Werden Getränke serviert, geht ein Servicemitarbeiter mit dem Tablett herum, auf dem gefüllte Gläser stehen. Der höfliche Gast nimmt höchstens zwei Glas (nacheinander versteht sich ...).

Sekt darf ins selbe Glas nachgeschenkt werden. Ansonsten sollte immer ein frisches Glas verwendet werden, es sei denn, der Gast bittet ausdrücklich darum, dass ihm in das benutzte Glas nachgeschenkt wird.

Für die Bewirtung der Gäste gibt es unterschiedliche Möglichkeiten – je nach Geldbeutel. Sie können ein Buffet bestellen, einen Imbiss (z. B. mit Frikadellen und

Brötchen, Quiches im Kleinformat, kleinen Pizzen o. Ä.) oder auch Kanapees anbieten. Das sind kleine belegte Brotscheiben, bei denen der Belag (im Gegensatz zum Sandwich) nicht überstehen sollte, was man erreicht, indem man ungetoastetes Weißbrot belegt und dann aussticht.

Kanapees werden aus der Hand gegessen, eignen sich insofern bestens für den Stehempfang. Cocktailservietten oder kleine Papierservietten sollten bereitliegen respektive Teller bereitstehen. Auch sollte es Abstell- oder Ablagemöglichkeiten geben, z. B. auf Stehtischen. Bei der Bestellung wird meist abgesprochen, mit was die Kanapees belegt werden. Sie tun Ihren Gästen einen großen Gefallen, wenn Sie auf turmhohe Aufbauten verzichten, die dem Gast beim ersten Biss in Einzelteilen entgegenkommen.

BITTE ZU TISCH

Sobald das Menü serviert werden kann, wird der Service die Gastgeber informieren, die dann die Gäste zu Tisch bitten. Anhand des Tisch- oder Tafelplans konnten sich die Gäste vielleicht bereits informieren, wo sie sitzen. Es versteht sich, dass auf dem Weg zum Tisch weder gerannt noch gedrängelt wird.

Wer seinen Platz gefunden hat, baut sich hinter dem Stuhl auf und wartet auf die anderen. Lassen Sie sich ruhig Zeit, die festlich und mit Aufwand und Liebe geschmückte Tafel im „Originalzustand" zu bewundern.

Kavaliere alter Schule schieben ihrer Tischnachbarin den Stuhl zurecht. Bei kleinerer Gästezahl kann der Service beim Platznehmen behilflich sein. Bei größerer Gästezahl oder einem großen Bankett ist das in der Praxis kaum machbar. In diesem Fall wird sich der Service auf die Gastgeberin oder (weibliche) Ehrengäste konzentrieren.

Ihr Verhalten als Gast

KLEINE STILKUNDE FÜR DEN HÖFLICHEN GAST

In den vorangegangenen Kapiteln stand der Gastgeber im Mittelpunkt, in diesem geht es um den Gast und die Frage, wie er – ob im privaten Rahmen oder im Restaurant – alle Fettnäpfchen gekonnt umgeht.

U.A.w.g.

Schnell antworten

Die Abkürzung „U.A.w.g." ist uns bereits unter dem Stichwort *Einladung* begegnet. Auf eine schriftliche Einladung sollte man prinzipiell schnell antworten. Die Gastgeber müssen planen: Je eher die Gäste Rückmeldung geben, um so eher können die Gastgeber sinnvoll planen. Wenn möglich, sollte man innerhalb weniger Tage zu- oder absagen. Lässt sich noch nicht absehen, ob man kommen kann, sollte man das dem Gastgeber sagen, in jedem Fall ist eine kurze Nachricht angebracht.

Wer gar nichts von sich hören läßt, riskiert, dass der Gastgeber den Eindruck gewinnt, die Einladung bedeute einem wenig bis gar nichts, ja, womöglich warte man nur ab, ob sich vielleicht noch etwas Besseres auftut. Es ist in jedem Fall unhöflich, dem Gastgeber durch langes Zögern oder Hin und Her diesen Eindruck zu vermitteln. Also: lieber freundlich absagen als den Gastgeber hinhalten und am Ende womöglich doch noch absagen.

Telefon, Post oder Fax?

Üblicherweise antwortet man auf eine Einladung telefonisch, persönlich oder per Post bzw. Fax. Die mündliche Zusage kann – gerade bei einem größeren Fest mit vielen Gästen – untergehen, die Antwort per Post oder Fax ist nicht persönlich, und obendrein weiß man nicht sicher, ob die Antwort auch tatsächlich angekommen ist. Die beste Variante ist daher eine Kombination: kurz anrufen und für die Einladung bedanken, die schriftliche Zusage gegebenenfalls hinterher schicken.

Ein Problem, das eigentlich keines ist. Trotzdem bereitet die Frage: „Was ziehe ich bloß an?" nicht nur den Damen der Schöpfung einiges Kopfzerbrechen. Schon der vielzitierte Freiherr von Knigge konstatierte: „Man ist in Gesellschaft verstimmt, sobald man sich bewusst ist, in einer unangenehmen Ausstaffierung aufzutreten."

Wenngleich die Regeln in puncto Kleidung heute weitgehend aufgeweicht sind und die Maxime: „Erlaubt ist, was gefällt" die neue Regel zu sein scheint, weiß jeder aus eigener Erfahrung, dass Knigge so Unrecht nicht hat. Wer *overdressed,* sprich zu elegant gewandet, zur Gartenparty geht, fühlt sich wahrscheinlich ebenso unwohl wie der, der in Jeans und Turnschuhen *underdressed* zu einem offiziellen Empfang erscheint.

Angesichts offenerer Umgangsformen und weniger rigider Kleidungsvorschriften geht es heute vor allem darum, eine größere Sensibilität in Hinsicht auf Anlass und Anwesende zu entwickeln. Häufig findet sich schon in der Einladung ein Hinweis auf den Rahmen und die Gäste: Handelt es sich beispielsweise um eine große Familienfeier oder ein geselliges Beisammensein in kleiner Runde, um eine Gartenparty oder den Frühschoppen im Biergarten?

Leger im Freizeitlook

Aus letzteren Formulierungen kann man entnehmen, dass keine vornehme Robe erwartet wird, sondern bequeme Freizeitkleidung angebracht sein dürfte. Kombination oder Kostüm werden dagegen eher gefragt sein beim Abendessen im Vier-Sterne-Hotel, dem Arbeitsessen mit japanischen Geschäftspartnern oder der Jubiläumsfeier.

Wer sich nicht sicher ist, welche Kleidung dem Anlass angemessen ist, kann die Gastgeber fragen. Das ist natürlich nicht immer möglich, verbietet sich im geschäftlichen Kontext in aller Regel. Für diesen Fall stellt eine Mischung aus elegant und sportlich einen guten Kompromiss dar, also die berühmte Kombination für die Herren, Hose oder Rock mit Blazer für die Damen.

Egal zu welchem Anlass, immer angebracht ist auf jeden Fall ein gepflegtes Outfit. Ungeputzte Schuhe, schiefe Absätze, Laufmaschen, verschmutzte oder nach Schweiß riechende Klamotten machen sich nie gut!

KLEIDERORDNUNG
ZU OFFIZIELLEN ANLÄSSEN

Bei offiziellen Anlässen enthält die Einladung meist einen expliziten Hinweis auf die Kleidung, genauer gesagt die Kleidung, die die Herren tragen. Die Damen dürfen raten, was das für sie heißt. Ausnahme: Wenn die Damen in lang, im Abendkleid oder adäquat festlicher Kleidung erscheinen sollen, ist das häufig ausdrücklich vermerkt. Da die Palette in Kleiderfragen für die Damen aber ohnehin bunter und breitgefächerter ist, sind immer verschiedene Möglichkeiten denkbar und akzeptabel. Übrigens muss SIE nicht immer in Rock oder Kleid erscheinen, als gesellschaftsfähig gilt mittlerweile auch der elegante Hosenanzug.

Je feierlicher der Anlass, desto gedeckter sind in der Regel die Farben, die ER trägt. Das gilt in der Tendenz, wenn auch nicht so streng ebenso für SIE. Dunkler Anzug und *Smoking* für den Herrn signalisieren einen

förmlichen Rahmen, z. B. ein offizielles Bankett, die Opernpremiere, einen Ball, eine Hochzeit oder ähnlich große Festivitäten.

Bei offizielleren Anlässen behält der Herr das Jackett an, die Dame trägt generell Strümpfe. Im Privaten wird das meist nicht so eng gesehen: da darf bei sommerlich heißen Temperaturen das Jackett ruhig ausgezogen werden – spätestens dann, wenn der Gastgeber sein Jackett ablegt.

GROSSE ROBE FÜR DEN HERRN

Hierzulande nurmehr selten im Repertoire – es sei denn im Diplomatischen Korps oder auf dem politischen Parkett – sind der *Stresemann* und der *Cut,* die zu offiziellen Anlässen tagsüber getragen werden. Zum *Stresemann* gehören schwarzgrau gestreifte Hose, schwarzes

Dunkler Anzug • Stresemann • Cut • Frack • Smoking

Jackett, weißes Hemd, graue Weste, silbergraue Krawatte und Krawattennadel, der *Cut* besteht aus grauschwarz gestreifter Hose, Jackett mit abgerundeten „Schwalbenschwänzen", weißem Hemd, grauer Weste und Krawatte.

Abendanzug für den Herrn

Im kleinen oder großen Gesellschaftsanzug erscheint der Mann von Welt am Abend (ab 19:00 Uhr) zu hoch offiziellen Anlässen. Zum *Smoking* oder *kleinen Gesellschaftsanzug* (frz. *cravate noir,* engl. *black tie)* trägt er eine Hose mit aufgesetzten Längsstreifen *(Seidengalons),* (schwarze) Jacke mit Schalkragen oder Revers aus Seide, Schleife (Fliege), Kummerbund und weißes Hemd. Alternativ kann auch ein weißes Dinnerjackett zur schwarzen Hose kombiniert werden.

Der *Frack* oder *große Gesellschaftsanzug* (frz. *cravate blanche,* engl. *white tie)* beinhaltet eine (schwarze) Hose mit Doppelstreifen *(Galons),* das (schwarze) Jackett dazu ist vorn kurz tailliert und hat hinten knielange „Schwalbenschwänze". Frackhemd, Pikeeweste, weiße Frackschleife (Fliege), Manschettenknöpfe und schwarzer Zylinder runden den Frack formvollendet ab.

MITBRINGSEL UND GESCHENKE

Ein Mitbringsel darf immer, egal zu welchem Anlass, mitgebracht werden. Das muss nichts Teures, nichts Aufwendiges sein, kann eine einzelne Blume, ein kleiner Strauß oder eine andere Kleinigkeit sein, die dem Gastgeber eine Freude macht. Das Mitbringsel ist nichts anderes als ein Dankeschön, eine Geste, die dem Gastgeber zeigen will, dass man die Einladung zu schätzen weiß – und: als Gast steht man nicht mit leeren Händen da.

Aufmerksamkeit für die Gastgeber

Viel zu oft sieht man sich genötigt, jemandem etwas zu schenken, weil man vom ihm respektive ihr etwas geschenkt bekommen hat. Schließlich, so hat man uns beigebracht, erwidert man ein Geschenk mit einem Geschenk, möglichst mit einem, das mindestens soviel kostet.

In einem meiner Seminare ist mir folgende Geschichte begegnet: Eine Mutter erzählte, dass ihre sechsjährige Tochter eine Einladung zum Geburtstag einer gleichaltrigen Schulfreundin erhalten hatte. Insgesamt acht Mädchen waren zur Geburtstagsparty geladen, und die kleine Gastgeberin hatte die Freundinnen über ihre Wünsche nicht im Unklaren gelassen.

Nun ist es zunächst einmal eine gute Idee, etwas zu schenken, das der Beschenkten auch wirklich gefällt. Die Tochter sagte also ihrer Mutter, was sie bitte als Geburtstagsgeschenk zu besorgen hätte. Es stellte sich schnell heraus, dass das Geschenk weitaus mehr kostete, als die Mutter für einen Kindergeburtstag ausgeben wollte. Sie schlug der Tochter daher vor, sich ein anderes Geschenk zu überlegen. Die protestierte heftig: Alle anderen würden  schenken, was die Freundin sich gewünscht hätte, nur sie nicht, wie würde das aussehen!

Die Mutter entschloss sich, die anderen Mütter anzurufen und das Problem offen zu besprechen. Und siehe da, die anderen Mütter – inklusive der Mutter des Geburtstagskinds – waren erleichtert; sie einigten sich auf einen gewissen Betrag für das Geschenk, der nicht überschritten werden sollte.

Die Geschichte illustriert, dass man sich nicht in Schenkzwang bringen lassen darf. Ein Geschenk sollte sich in angemessenem Rahmen bewegen. Das gilt für den, der das Geschenk macht ebenso wie für den, der es bekommt und sich nun womöglich verpflichtet fühlt, bei nächster Gelegenheit ein ähnlich teures Geschenk zurückzugeben.

Passt immer: Blumen

Blumen sind ideales Mitbringsel und Geschenk zugleich. Für jeden Geldbeutel erschwinglich, in unterschiedlichster Form und Kombination denkbar und dazu unverfänglich. Es muss ja nicht unbedingt ein Gummibaum oder ein Kaktus sein, die man nur dann schenken sollte, wenn bekannt ist, dass der oder die Beschenkte etwas dafür übrig hat.

Die Blumensprache ist zwar etwas aus der Mode gekommen, aber die rote Rose gilt nach wie vor als Blume der Liebenden und Verliebten. Man sollte sich also gut überlegen, wem man einen Strauß roter Rosen verehrt. Weiße Lilien oder Chrysanthemen gelten als Trauerblumen und sind deshalb kaum der passende Blumengruß zu einer Einladung.

Blumen vorab schicken

Zu einer Feier im Restaurant empfiehlt es sich nicht unbedingt, Blumen, insbesondere Schnittblumen, mitzubringen, da man nicht davon ausgehen kann, dass Vasen bereitstehen. In diesem Fall bietet es sich an, die Blumen vorab – am Vortag beispielsweise – an die Adresse der Gastgeber zu schicken mit einer kleinen Karte; eine Praxis, die auch bei der Einladung nach Hause viel für sich hat. Die Blumen kommen frisch beim Gastgeber an, der sie in aller Ruhe versorgen kann.

EIN GUTER TROPFEN ALS GESCHENK

Wie sieht es mit alkoholischen Getränken als Geschenk aus? Bitte keine „gute Flasche" Wein schenken, die man im Supermarkt für 3,99 DM erstanden hat. Ein Gastgeber, der gern Wein trinkt, wird seine Einkaufsquelle für Wein haben. Die Chance, dass man den falschen Wein kauft, ist groß. Es soll schon vorgekommen sein, dass dieselbe Flasche nach Jahren als Geschenk zurückkam ...

Als flüssige Geschenke besser geeignet sind Sekt oder Champagner, Markenspirituosen wie z. B. Whisky, vorausgesetzt Sie wissen, der Gastgeber trinkt gern Whisky. Wie man die Blumen auch dem Herrn geben kann, darf man einen guten Tropfen getrost auch der Dame des Hauses überreichen.

Für Geschenke gilt generell: Sie sollten in erster Linie dem Beschenkten gefallen und nicht dem Schenkenden. Falls man die Gastgeber nicht gut kennt und nicht weiß, womit man ihnen eine Freude bereiten kann, lässt sich vielleicht bei gemeinsamen Freunden und Bekannten ein guter Rat einholen.

PÜNKTLICHKEIT

Pünktlichkeit ist die Höflichkeit der Könige – und natürlich auch der Königinnen. Wer wartet schon gern auf den Besuch, während das Essen im Ofen verschmort? Es hebt

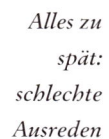

auch nicht die Stimmung, gute Miene zum bösen Spiel zu machen, wenn die Gäste eine dreiviertel Stunde später als geplant eintreffen.

Zu spät kommen ist unhöflich! Folgende Ausreden lassen bestenfalls auf mangelnde Organisation oder miserables Zeitmanagement schließen.

Alles zu spät: schlechte Ausreden

■ „Das Auto wollte partout nicht anspringen." (Wozu gibt´s Starterkabel?)

■ „Kein Parkplatz weit und breit." (Wo gibt es heute noch Parkplätze?)

■ „Da war wieder dieser Stau auf der B9…" (Damit muss leider immer gerechnet werden.)

■ „Unser Babysitter ist zu spät gekommen." (Der Babysitter muss zum X-ten Mal herhalten.)

■ „Ich hatte noch ein wichtiges Telefonat." (Wichtiger als die Einladung?)

■ „Mein Mann kam zu spät aus dem Büro…" (Der Arme…)

■ „Meine Frau hat sich nicht entscheiden können, was sie anziehen soll…" (Die Arme…)

■ „Wir haben uns total verfahren…" (Neuerdings gibt es Straßenkarten!)

■ „Wir hatten uns doch tatsächlich im Termin der Einladung vertan…" (Denken war schon immer Glückssache.)

154

Natürlich kann die Verspätung auch einen echten Grund haben. Wenn Sie als Gast absehen, dass Sie sich stark verspäten, ist es ein Gebot der Höflichkeit, die Gastgeber telefonisch zu benachrichtigen: „Wir schaffen es nicht, rechtzeitig bei euch zu sein, bitte wartet nicht, sondern fangt ohne uns an."

Fast noch schlimmer als Gäste, die zu spät kommen, sind Gäste, die viel zu früh kommen. Da hilft auch die gutgemeinte Bitte „Lasst euch durch uns nicht stören" wenig – sie bringen den Zeitplan der Gastgeber für die letzten Vorbereitungen schlicht durcheinander, mit einem Wort: sie stören.

HILFE ANBIETEN?

Sollte man den Gastgebern seine Hilfe anbieten? Wird das vielleicht sogar erwartet?

Stellen wir uns einen Single-Haushalt vor. Die Gastgeberin respektive der Gastgeber hat zehn Freunde und Bekannte eingeladen, die fürstlich bewirtet werden. In diesem Fall ist es sicher richtig, als Gast seine Hilfe anzubieten: indem man beispielsweise Schüsseln und Platten herumreicht, nach dem Essen die benutzten Teller in die Küche trägt oder Flaschen öffnet und Getränke einschenkt.

Helfen, wo es Sinn macht

Hilfe anzubieten ist prinzipiell immer eine gute Idee: Ob und wobei man Hilfe anbietet, sollte man davon abhängig machen, wie gut man die Gastgeber kennt. Als Gast darf man sich aber auch guten Gewissens bedienen lassen.

Inwieweit der Gast beim Abwasch mithelfen sollte, dafür gibt es keine Regel. Die Einladung kann ein ungemütliches Ende finden, wenn nach dem letzten Bissen respektive Schluck die Gäste dienstbeflissen in die Küche marschieren, um beim Abwasch zu helfen. Andererseits:

Wenn jeder kurz mit anpackt, ist die Küche im Nu wieder sauber. Auch hier gilt: Es kommt auf das Verhältnis an, in dem Gastgeber und Gäste zueinander stehen. Ist der Chef zum Abendessen eingeladen, wird er die Gastgeber mit dem Angebot, das Geschirr zu spülen, eher in Verlegenheit bringen.

Manche Hilfe ist gut gemeint, aber nicht unbedingt sinnvoll. Wer die abgegessenen Teller im Restaurant stapelt, um der Bedienung die Arbeit zu erleichtern, tut ihr damit meist keinen Gefallen: In aller Regel hat die Bedienung nämlich ihr eigenes System und räumt die Teller schneller vom Platz ab.

HANDY

Einmal abgesehen von der Frage, ob es sinnvoll ist, ein Handy zu benutzen oder nicht – in einigen asiatischen Ländern laufen schon die meisten Jugendlichen mit Handys „bewaffnet" durch die Gegend, sollte man sich überlegen, wann das Handy in der Tasche angebracht ist.

Wer es für nötig hält, ein Handy bei sich zu tragen, will offensichtlich immer erreichbar sein. Nun kann es tatsächlich sein, dass man für den Babysitter oder die allein stehende kränkelnde Schwiegermutter erreichbar sein muss.

Telefonate kurz halten

Sollte nun das Handy während der Einladung klingeln, dann gebietet es die Höflichkeit, den Raum zu verlassen, um das Gespräch anzunehmen. Das Telefonat hält man so kurz wie möglich und geht dann unverzüglich zu den anderen Gästen zurück. Auf keinen Fall sollte man sich jetzt bemüßigt fühlen, die im Gange befindliche Unterhaltung zu unterbrechen, um etwa kundzutun, welch unabdingbare Geschäfte man eben kurz regeln musste oder zu klagen, dass die Mitarbeiter wieder mal nicht ohne einen zurechtkommen konnten.

Es ist eine grobe Unhöflichkeit den anderen Gästen gegenüber, wenn man in ihrem Beisein das Handy aus der Tasche zieht, um jemanden anzurufen und sich dann auch noch lautstark gestikulierend unterhält. Einige Restaurants untersagen mittlerweile die Benutzung von Handys in ihren Räumlichkeiten.

Ein Lob auf das Essen

Bei einem privaten Essen hat sich die Gastgeberin meist viel Arbeit mit der Zubereitung der Speisen gemacht und grundsätzlich ein Lob verdient. Aber auch Loben will gelernt sein: Hier hat sich schon mancher verkünstelt und mit allzu euphorischem Lob der Gastgeberin die Röte ins Gesicht getrieben.

Loben will gelernt sein …

Merke: Ein Lob, das zu dick aufgetragen ist, wirkt unglaubwürdig.

Vorsicht bei der Formulierung „Da haben Sie sich aber wirklich Mühe gegeben". Das kann auch so verstanden werden: Sie/er hat sich Mühe gegeben, was dabei herauskam, ist dagegen eher bescheiden.

Komplimente sollten ehrlich gemeint sein. Und: einmal loben reicht. Beim Verabschieden kann man das Lob wiederholen und damit unterstreichen, dass es einem gefallen hat, dass man sich wohl gefühlt hat.

Ehrlich bleiben

Wenn Ihnen nicht schmeckt, was auf den Teller kommt, dann dürfen Sie es im Restaurant ungeniert liegen lassen. Bei der privaten Einladung ist mehr Fingerspitzengefühl gefragt. Was Sie nicht essen können – weil Sie beispielsweise Vegetarier sind, eine Lebensmittelallergie haben oder das Gericht aus anderen Gründen nicht vertragen –, das lehnen Sie am besten gleich dankend ab und sagen auch, warum. Schwieriger ist es bei Speisen, die Sie schlicht nicht mögen. Auch wenn's schwer fällt: Probieren Sie zumindest etwas, Sie können ruhig um eine kleine Portion bitten.

Auf keinen Fall sollte man am Essen herummeckern, auch nicht auf die pseudowitzige Tour: „Total versalzen, da war die Köchin wohl verliebt?"

Wenn man Leute am Buffet beobachtet, könnte manchmal der Eindruck entstehen, dass sie seit Wochen nichts
mehr zu essen gekriegt haben. Der gekonnte Aufbau eines
Speisenbuffets bedarf einiger Überlegung, und die
Dekoration lässt sich auch nicht in fünf Minuten bewerk-
stelligen. Und dann stürzen sich die Gäste auf das Buffet
und schaufeln auf den Teller, so viel mit Müh und Not
draufgeht! Bedauernswerte Gesellschaft!

Nehmen Sie in aller Ruhe Platz an der Tafel oder am
Tisch. Die Menükarte – so es eine gibt – informiert, welche Speisen das Buffet bietet.

Am besten geht man erst einmal am ganzen Buffet vorbei, um die kulinarischen Genüsse, das kunstvolle Arran-
gement zu würdigen. Dabei sieht man auch, was sich wo
findet.

Ein gut aufgebautes Buffet folgt der Speisenfolge. Das
bedeutet, dass nach Tellern und Besteck zunächst die
Vorspeisen, dann die Hauptgerichte und zuletzt die
Nachspeisen aufgebaut sind.

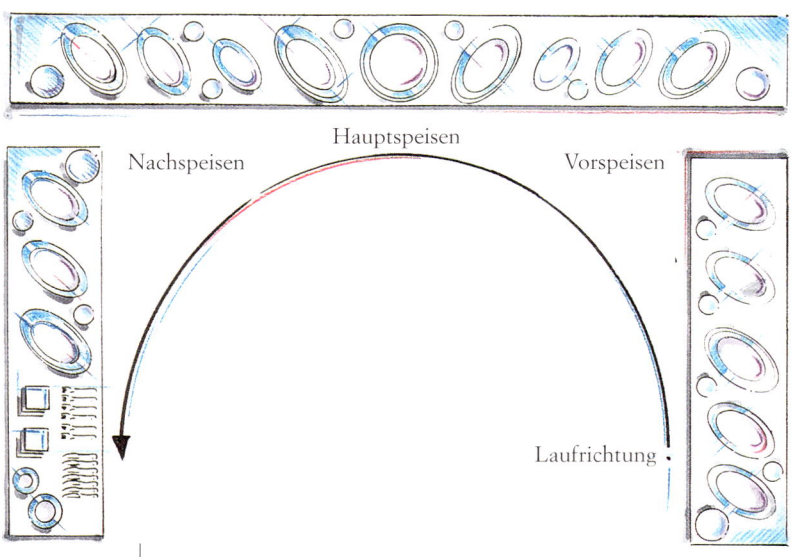

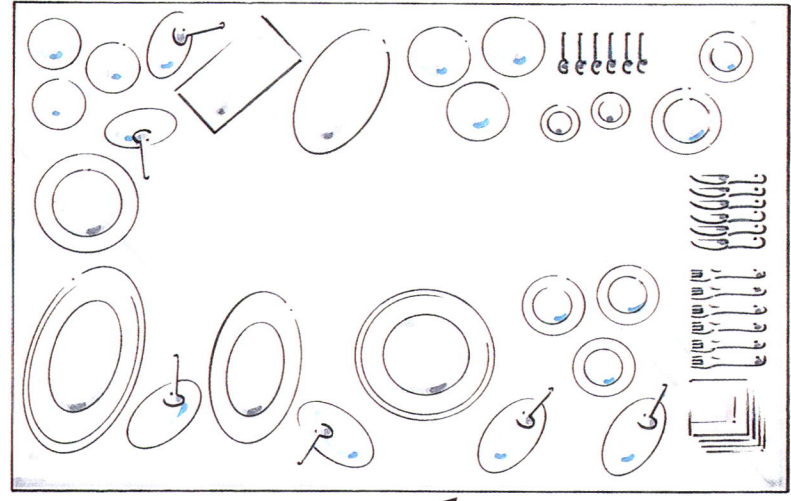

Weiter wird eine Laufrichtung zu erkennen sein: in der Regel von rechts nach links, was damit zu tun hat, dass die meisten Menschen Rechtshänder sind und sich so besser von den Platten bedienen können.

Die Teller markieren den Anfang

Am Anfang stehen in aller Regel benötigte Teller. Wer am falschen Ende loslegt, sprich von links nach rechts wandert, der hat folglich keinen Teller und kollidiert mit entgegenkommenden Buffetgängern.

Zunächst wählt man eine Vorspeise aus. Wir treten also an den rechten Flügel des Buffets heran, nehmen uns vorn rechts einen Teller, bedienen uns und gehen dann wieder zurück zum Tisch. Wer nochmals auf die Vorspeise zurückkommen will, geht einfach ein zweites Mal zum Buffet. Im privaten Rahmen wird man denselben Teller nochmals benutzen.

GUT ZU WISSEN

Am Buffet herrscht Einbahnverkehr; gegen den Strom zieht man zwangsläufig den Kürzeren und wartet länger.

Im Restaurant bleibt der benutzte Teller auf dem Tisch stehen, sodass der Service ihn abräumen kann. Am Buffet bedient man sich auf einen frischen Teller.

Die Teller markieren jeweils den Beginn eines Abschnitts

Grundsätzlich darf man sich am Buffet so oft bedienen, wie man will, und muss auch nicht das ganze Programm von der Vorspeise bis zum Dessert „durchessen". Wissen sollte man, dass Hauptgerichte häufig zeitversetzt ans Buffet gebracht werden, nämlich erst dann, wenn davon ausgegangen werden kann, dass alle Gäste eine Vorspeise gegessen haben. Es kann sich also manchmal lohnen, zu warten ...

Routinierte „Buffet-Gänger" wissen, dass es auch beim Buffet das bereits bekannte A-B-C-System gibt, sprich hochpreisigere und günstigere Speisen strategisch verteilt sind.

Um zu vermeiden, dass sich die hungrigen Gäste den Teller mit Hummer und Kaviar füllen, werden in der Regel sogenannte C-Gerichte dort platziert, wo der Gast seine Buffetrunde startet. Da kann er sich dann so viel Kartoffel- und Nudelsalat auf den Teller häufen, wie er mag, auf dass für die A-Gerichte nurmehr bescheiden Platz auf dem Teller und auch für Gäste, die später zum Zug kommen, noch etwas übrig bleibt von Hummer, Kaviar und Co.

Jeder Bereich des Buffets ist (wenn es richtig aufgebaut wurde) nach dem A-B-C-System gestaltet.

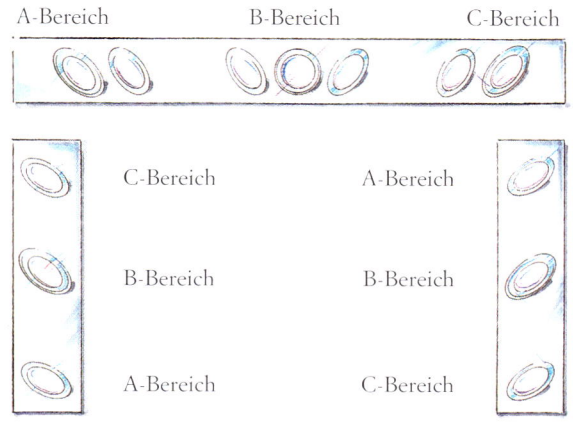

„ORIGINELLE" TISCHREDEN
UND ANDERE FETTNÄPFCHEN

Bis vor wenigen Jahren war es üblich, mehr oder weniger lange Tischreden vor dem „Bratengang", sprich dem Hauptgericht im Menü, zu halten. In der Praxis erweist sich dieser Zeitpunkt aber als ausgesprochen schlecht. Für die Küche ist speziell die Zubereitung des Hauptgangs in aller Regel arbeitsintensiv, auch sollen alle Speisen warm angerichtet und serviert werden. Gerade bei größerer Personenzahl ist es eine reife Leistung, wenn jeder Gast das Essen gleichzeitig und heiß serviert bekommt.

Es lässt sich unschwer vorstellen, welch gutes Timing es erfordert, im privaten Rahmen alle Speisen des Hauptgangs fachgerecht auf den Tisch zu bringen, wo die Gastgeber in aller Regel keine dienstbaren Service- oder Küchenhilfen haben. Hier kommt es auf Minuten an. Und gerade die Minuten können fehlen, wenn eine Tischrede gehalten wird.

Grundsätzlich kann eine Tischrede zwar vor bzw. nach jedem Gang gehalten werden, taktisch unklug wäre es aber auch, dies vor oder nach dem ersten Gang zu tun, wenn die Gäste noch einen leeren Magen haben und eher auf den nächsten Gang gespannt sind als auf eine Rede. Ein späterer Zeitpunkt im Menüablauf, beispielsweise vor oder nach dem Dessert, hat den Vorteil, dass sich das Essen setzen und eine Pause eingelegt werden kann.

Dem Gastgeber steht die erste Tischrede zu, die kurz sein sollte. Gut macht sich ein Trinkspruch als Abschluss, mit dem der Gastgeber die Tafel eröffnet. Beim Ausbringen des Trinkspruchs sollten die Gäste natürlich nicht vor leeren Gläsern sitzen.

In der Kürze liegt die Würze

Einige Punkte sollte man bei einer Tischrede grundsätzlich beherzigen. Man sollte die Rede

- kurz halten,
- interessant gestalten,
- gut vorbereiten,
- Stottern, leere Phrasen und unnötige Wiederholungen vermeiden,
- bei verschiedenen Reden mehrerer Gäste den Inhalt abstimmen oder als „Spielball" aufgreifen, was die Vorredner gesagt haben.

Wer eine Rede halten will, verschafft sich erst einmal die nötige Aufmerksamkeit, indem er leicht mit einem Besteckteil an sein Weinglas klopft. Für eine Rede sollte man aufstehen, damit einen die anderen besser sehen und man freier gestikulieren kann. Versuchen Sie, Blickkontakt zu den Zuhörern herzustellen, möglichst jeden einmal anzusehen und den Blick nicht nur auf eine Person zu fixieren. Gilt die Rede einem Ehrengast, konzentriert sich die Aufmerksamkeit natürlich auf ihn. Wird im Restaurant in einem Raum getafelt, in dem sich noch andere Gäste befinden, muss darauf Rücksicht genommen werden. Sollen trotzdem Reden gehalten werden, zum Beispiel im kleineren Familienkreis, darf der Sprechende sitzen bleiben.

Nicht jedem ist es gegeben, eine originelle Rede aus dem Stegreif zu halten oder auch nur spontan passende Worte zu finden und flüssig zu reden. Je später der Abend und je höher der Alkoholkonsum, desto peinlicher geraten zumeist derart spontan „lustige" Reden, zumal wenn die Späße auf Kosten Anwesender gehen.

Und: Nicht jede Überraschungsrede passt den Gastgebern ins Konzept. Wenn mehrere Gäste eine Rede halten wollen, sollte dies mit der Küche abgesprochen werden. Wer also einige Worte sagen will, teilt das den Gastgebern vorher mit.

Umgekehrt sollte niemand dazu genötigt werden, eine Tischrede zu halten. Vielen Menschen ist es äußerst unangenehm, vor mehreren Personen frei und womöglich unvorbereitet sprechen zu müssen.

Zuviel des Guten ist meist vom Übel, das gilt auch für Tischreden. Sie sollten das Essen, die Einladung, die Feier abrunden und kein Selbstzweck geschweige denn reine Pflichtübung sein.

Ein Toast wird ausgebracht

163

Wenn Sie sich bekleckern, machen Sie daraus kein Aufheben. Tupfen Sie die Kleidung mit der Serviette ab, verlassen Sie, wenn nötig, unauffällig den Raum und reinigen die Kleidung auf der Toilette oder lassen Sie sich vom Service im Restaurant oder den Gastgebern im privaten Rahmen ein feuchtes Tuch und ein entsprechendes Reinigungsmittel geben.

Ich halte es in jedem Fall für übertrieben, wegen eines Rotweinflecks auf weißer Abendgarderobe die Feier zu verlassen.

Den Schaden beheben und sich entschuldigen

Peinlicher ist es schon, wenn das Rotweinglas umkippt und die Tischnachbarin in Mitleidenschaft gezogen ist. Retten Sie, was zu retten ist – stoppen Sie den Rotweinfluss mit Serviette, Taschentuch oder dergleichen und besorgen Salz oder ein feuchtes Tuch. Und vor allem: Entschuldigen Sie sich – nicht nur bei der Tischnachbarin, sondern auch bei der Gastgeberin, die das Tischtuch wieder sauber kriegen muss. Im Restaurant ist letzteres weniger das Problem, trotzdem sollten Sie dem Service Bescheid sagen. Der Tischnachbarin sollten Sie anbieten,

die Reinigungskosten zu übernehmen, sich vielleicht am nächsten Tag nochmals telefonisch oder mit einem kleinen Blumenstrauß entschuldigen.

Missgeschicke dieser Art können jedem passieren. Sollte der Rotwein Sie getroffen haben, dann akzeptieren Sie eine Entschuldigung. Damit sollte man es dann aber auch bewenden lassen – davon, dass man den Rest des Abends auf dem leidigen Thema herumreitet, geht der Fleck auch nicht weg.

Was macht man, wenn ...

■ Korkbrösel im Weinglas schwimmen? Man angelt sie mit dem Löffel oder einem anderen (sauberen) Besteckteil, nicht mit dem Finger!, aus dem Glas oder lässt sich ein frisches Glas einschenken.

■ man das sprichwörtliche Haar in der Suppe findet? Im Restaurant können Sie die Suppe zurückgehen lassen, im privaten Rahmen fischen Sie das Haar mit dem Löffel aus der Suppe und deponieren es dezent am Tellerrand, auf dem Unterteller oder einem anderen Geschirrteil, das vor dem nächsten Speisengang abgeräumt wird.

Korkbrösel im Weinglas

■ die Suppe so heiß ist, dass man sie kaum essen kann? Üben Sie sich in Geduld, rühren Sie mit dem Löffel kalt, aber pusten Sie nicht ...

■ das Fleisch zäh wie Schuhleder ist und man den Bissen beim besten Willen nicht hinunterbringt? Befördern Sie den Bissen unauffällig auf die Gabel und von dort auf den Tellerrand.

■ man sich verschluckt? Reicht das Nachspülen mit einem Schluck Wasser nicht aus, stehen Sie am besten auf und gehen auf die Toilette oder an die frische Luft, um sich auszuhusten.

Irgendwann kommt der Moment, wo die schönste Einladung, das schönste Fest zu Ende geht. Wir müssen nicht als Erste aufbrechen, aber auf keinen Fall als Letzte. Man sollte gehen, wenn es am Schönsten ist. Und am Schönsten ist es, bevor die Gäste auf den Tischen tanzen oder sonstwie außer Rand und Band geraten oder, schlimmer noch: gähnend am Tisch sitzen. Wen es interessiert, wie die Feier ausging, der kann ja immer noch am nächsten Tag die Nachbarn fragen …

Nette Geste: telefonisch bedanken

Warten Sie nicht, bis die Gastgeber die Stühle hoch stellen und die Fenster öffnen. Gern gesehen Gäste sind diejenigen, die wissen, wann es Zeit ist zu gehen! Nach wie vor gilt es als aufmerksame Geste, sich am nächsten Tag nochmals kurz telefonisch für die Einladung zu bedanken.

Vielen Dank für Speis und Trank …

Kulinarisches Glossar

AC

Abkürzung für *Appellation contrôlée.* Frz. für kontrollier-
te Ursprungsbezeichnung. Die AC-Bewertung entspricht
etwa den deutschen Qualitätsweinen;

➔ das italienische Äquivalent ist die *Denominazione
Di Origine Controllata (DOC),* das spanische die
Denominación De Origen (DO) oder *Denominación de
Origen Calificada (DOC).*

À discrétion oder à gogo

Sie können so viel nehmen, wie Sie wollen, z. B. bei einem
Aperitifbuffet.

À la carte

Speisenwahl „nach der Karte". Jeder Gast stellt sein
Menü individuell zusammen.

Al dente

Garstufe für Teigwaren, Risotto und Gemüse. Bedeutet:
„mit Biss", also nicht zu weich gekocht.

Al forno

Im Ofen gebraten

Ale

Starkes, helles englisches Bier

Altbier

Dunkel gebrautes, obergäriges Bier

Amuse-bouche

➔ Amuse-gueule

Amuse-gueule

Appetithäppchen, die vor Beginn des Menüs gereicht
werden, ein Gruß vom Küchenchef.

Antipasti

→ Vorspeisen

Aperitif

Appetit anregendes Getränk vor dem Essen

Appellation controlée

→ AC

À point

Frz. für halb durchgebraten, innen ist das Fleisch noch rosa. → Garstufe für Grillgerichte vom Rind

Assiette

Frz. für Teller. *Assiette anglaise* = kalte Platte

Au four

Frz. für im Ofen gebacken

Bankett

Größere Veranstaltung in einem Festraum

Bien cuit

Frz. für durchgebraten → Garstufe für Grillgerichte vom Rind

Bleu

Frz. für stark blutig, innen ist das Fleischstück noch roh. → Garstufe für Grillgerichte vom Rind

Blanchiert

Zubereitungsart für Gemüse, kurz in kochend heißem Wasser gekocht

Blini

Kleiner Pfannkuchen aus Buchweizenmehl, wird gern zu Kaviar gereicht.

Bon

Kassenzettel

BOUQUET

Bukett, charakteristische Geruchs- oder Aromastoffe eines Weins

BONNE FEMME

Nach Hausfrauenart

BOUILLI

Frz. für gekocht, gesotten

BOUILLABAISSE

Frz. Fischsuppe

BRAISÉ

Frz. für geschmort

BRANDY

Engl. Bezeichnung für Weinbrände

BREAKFAST

Engl. für Frühstück

BRIGADE

Küchen- und Servicemannschaft

BRUNCH

Kombination aus Frühstück (Breakfast) und Mittagessen (Lunch), meist in Buffetform angeboten

BRUT

Geschmacksbezeichnung für sehr trockene Sekte und Champagner

BUKETT

→ Bouquet

CARRÉ

Rückenstück

CASSIS

Johannisbeerlikör aus Frankreich

CHAMBRÉ
Zimmerwarm temperiert

CHEF DE CUISINE
Küchenchef

CHEF DE RANG
Stationskellner

CLOCHE
Haube, die auf den Teller des Hauptganges gegeben wird, um die Speise länger warm zu halten. Die Cloches werden erst vom Teller genommen, wenn dieser vor dem Gast steht.

COCKTAIL
(Alkoholisches) Mischgetränk oder eine kalte, meist pikante Vorspeise, im Schälchen oder im Glas serviert.

COMMIS
Ein/e junge/r Restaurantfachfrau/mann

CONSOMMÉ
Geklärte Bouillon, klare Suppe oder Brühe

CÔTE
Frz. für Kotelett

COUVERT
➔ Gedeck

CRÊPES
Dünne Pfannkuchen

CRU
Roh, bei Wein bezeichnet *cru* die Lage. Qualitätseinstufungen sind *cru classé, grand cru, premier cru.*

DEKANTIEREN
Vorsichtiges Umfüllen einer Flüssigkeit, um sie vom Bodensatz oder Depot zu befreien. Insbesondere ältere Rot-

weine oder Portweine werden deshalb in ein anderes Gefäß, eine *Dekantierkaraffe,* umgegossen.

DEKANTIERKORB

Liegekorb für Rotweinflaschen, wird zum Servieren von nicht dekantierten Weinen verwendet, die ein Depot aufweisen.

DEMI-SEC

Bezeichnung für halbtrockene Schaumweine (Sekt oder Champagner), die einen Restzuckergehalt von 33–50 g/l aufweisen.

DEPOT

Bodensatz, der sich während der Lagerung in der Weinflasche absetzt.

DESSERT

Nachspeise

DIGESTIF

Verdauungsförderndes Getränk (hochprozentige Spirituosen mit 32–40 Volumenprozent Alkohol) nach dem Essen. Als Digestif angeboten werden: Schnäpse, klare Brände, Branntweine, Magenbitter oder Liköre.

DÎNER

Frz. für Abendessen

DINNER

Engl. für Mittag- oder Abendessen

DOUX

Geschmacksbezeichnung für süße Sekt- oder Champagnersorten

DRESSING

Salatsauce

DRINK

Engl. Bezeichnung für ein (alkoholisches) Getränk

DRY

Bezeichnung für trockene Schaumweine (Sekt und Champagner), mit einer Restsüße von 17 bis 35 g/l.

EISPARFAIT

Halbgefrorenes Eis

EMINCÉ

Frz. für geschnetzelt, in Streifen geschnitten

ENTRÉE

Vorspeise

ESCALOPE

Frz. für Schnitzel

FARCE

Füllung

FILIEREN/FILETIEREN

Fachgerechtes Zerlegen eines zubereiteten Fisches, um die Gräten zu entfernen.

FLAMBÉ

➜ siehe Flambieren

FINGERBOWLE

Kleine Schale aus Metall oder Glas, die im Gedeck eingesetzt wird, wenn mit den Fingern gegessen wird. Zu fettigen Speisen reicht man warmes Wasser mit einer Zitronenscheibe.

FINGERSCHALE

➜ Fingerbowle

FLAMBIEREN

Speise mit Alkohol begießen und Alkohol abbrennen

FLEURONS

Blätterteighalbmonde

FOYER
Vorraum oder Empfangshalle vor einem Festsaal

FRAPPÉ
Eisgekühlt

FRIT
Frz. für fritiert

FROMAGE
Frz. für Käse

FUMÉ
Frz. für geräuchert

F & B
Abkürzung für Food and Beverage. Alles, was mit Speisen und Getränken im Restaurant oder Hotel zu tun hat.

F & B-MANAGER
Food and Beverage Manager. Zuständig für Einkauf, Produktion und Verkauf von Speisen und Getränken in der Gastronomie und Hotellerie.

GALADÎNER
Festessen, meist abends

GANG
Speisengang innerhalb eines Menüs, z.B. Vorspeise, Hauptgericht, Dessert

GARSTUFEN FÜR RIND/LAMMFLEISCH
bleu/*saignant/rare* = blutig; *à point/medium rare* = halb/mittel gebraten; *bien cuit/well done* = durchgebraten

GEDECK
Alle Hilfsmittel und Materialien, die eingedeckt werden, bevor der Gast Platz nimmt. Dazu gehören Besteckteile, Gläser, Serviette, einzelne Geschirrteile, Tischkarte.

Gewürzmenage

→ Menage

Gourmand

Ein Vielfraß

Gourmet

Ein Feinschmecker

Gratin

Frz. für Überbackenes, Auflauf (*gratiné* = überbacken)

Grillieren

Auf dem Rost braten

Guéridon

Kleiner Beistelltisch im Restaurant für Arbeiten des Service

Guest Check

Engl. für Gästerechnung

Gustieren

Wein probieren

Haché

Gehacktes

Haut-Gôut

Starker, sehr würziger Wildgeschmack

Hors d'oeuvre

Frz. für Vorspeise

Inklusivpreis

Endpreis für den Gast, der Mehrwertsteuer und Service enthält.

Juice

Saft von Früchten

JULIENNE
Gemüse, in feine Streifen geschnitten

JUS
Bratensaft, Fleischsaft

KANAPEE
Kleine, belegte Toast- oder (Vollkorn-)Brotscheibe, wird gern bei Stehempfängen gereicht.

KARAFFE
Bauchiger Glaskrug für Säfte, Aperitifs, Digestifs oder Wein, gegebenenfalls mit Stöpsel

KIR
➜ Aperitif, *Cassis* aufgefüllt mit Weißwein

KIR ROYAL
Cassis aufgefüllt mit Champagner

KÖLSCH
Hell gebrautes, obergäriges Bier

KOMPOTT
Mit Zucker gekochtes Obst

KORKBRAND
Firmenstempel auf dem Weinflaschenkorken, gibt den Namen des Abfüllers oder seine Betriebsnummer an.

KORKGESCHMACK
Wird verursacht durch Pilze, die den Kork am Baum geschädigt haben oder durch einen schimmligen Flaschenkorken: ein Grund zur Beanstandung.

LONG DRINK
Bargetränk mit mehr als 5 cl Flüssigkeit

LUNCH
➜ Mittagessen

MAGNUMFLASCHE
Große Sekt- oder Champagnerflasche mit doppeltem Inhalt einer normalen Flasche, also 1,5 Liter Inhalt.

MARINADE
Würzige Flüssigkeit, in die Nahrungsmittel eingelegt werden, um das Aroma zu verstärken.

MEDIUM
Engl. Garstufenbezeichnung für Grillgerichte vom Rind. Halb durchgebraten.

MEDIUM RARE
Engl. Garstufenbezeichnung für Rindfleisch vom Grill, leicht gebraten, blutig.

MENAGE
Gewürzset auf dem Tisch

MENÜ
Speisenfolge mit mindestens drei Gängen

MISE EN PLACE
Bereitstellung von Hilfsmitteln, bevor die Gäste eintreffen: z. B. alle Dinge, die wir benötigen, um Gäste mit einem Aperitifempfang zu begrüßen.

MOKKA
Sehr starker Kaffee, ca. 15 g Kaffee auf eine Tasse. Wird gern nach einem Menü serviert.

ON THE ROCKS
(Alkoholische) Getränke, die mit Eiswürfeln serviert werden

OPEN BAR
Freie Wahl aus dem kompletten Bargetränkeangebot

PARFAIT
➔ Eisparfait

PÂTE
Frz. für Teig

PETIT DÉJEUNER
Frz. für Frühstück

PETITS FOURS
(Kalorienhaltiges) feines Kleingebäck, mit Zuckerguss
überzogen, das gerne zum oder nach dem Kaffee innerhalb eines Menüs gereicht wird.

PICCOLO/PONY
Kleine Sektflasche, ein Viertel des normalen Inhalts

PLAT DU JOUR
Frz. für Tagesgericht

POCHIERT
Unter dem Siedepunkt gegart

QUICHE
Gesalzener Kuchen, oft rund gebacken, z. B. der warm
gegessene Lothringer Käsespeckkuchen *(Quiche lorraine)*

RARE
Engl. für stark blutig, ➔ Garstufe für Rindfleisch vom
Grill

RECEPTION
Hotelempfang oder Empfang von Gästen bei einer
Einladung

RÉCHAUD
Wärmeapparat für Teller

RÔTI
Frz. für gebraten

RÔTISSERIE
Frz. für ein Restaurant, in dem hauptsächlich Grillgerichte angeboten werden.

SAIGNANT
Frz. für blutig (Fleisch ist innen noch roh) ➜ Garstufe
bei Rindfleisch vom Grill

SALATDRESSING
Salatsauce

SANDWICH
Gebutterte Brotscheibe ohne Kruste, belegt mit Braten,
Käse oder Geflügel, darüber eine zweite Brotscheibe

SAUCIÈRE
Saucenschüssel

SAUTÉ
Frz. scharf angebraten und in der Pfanne gegart

SEC
Frz. für trocken, Geschmacksbezeichnung für
Schaumweine, siehe ➜ dry

SOMMELIER
Weinkellner

SORBET
Mischung aus Fruchtmark, Zucker und Fruchtsaft,
Champagner oder Wein in weichgefrorenem Zustand,
wird vor dem Hauptgang serviert

SOUFFLÉ
Frz. für Auflauf

SPEISENGANG
➜ Gang

STORNIEREN
Eine Bestellung rückgängig machen.

SUPPLÉMENT

„Nachschlag" von Speisen

TABASCO

Sehr scharfe Gewürzsauce aus rotem Pfeffer, wird nur tropfenweise zum Würzen verwendet.

TAFELGEDECK

➔ Gedeck

TELLER-RÉCHAUD

➔ Réchaud

TIÈDE

Frz. für lauwarm

TRANCHE

Schnitte (Fleisch und Brot)

TRANCHIEREN

Speisen fachgerecht zerlegen, sodass sie verzehrt werden können: z. B. im Ganzen zubereitete Braten oder Geflügel.

VIP

Abkürzung für *very important person,* was bedeutet, dass wir es mit sehr wichtigen Personen zu tun haben (sollen).

WAITER

Engl. für Kellner

WELL-DONE

Engl. für durchgebraten, ➔ Garstufe bei Grillgerichten vom Rind

WORCESTERSAUCE

Gewürzsauce, die auf Weinessigbasis mit Kräutern und Gewürzen hergestellt ist.

Sachwortverzeichnis

Bildnachweis

Fotos:
AKG, Berlin: 110,132, 163
Bildarchiv Huber, Garmisch-Partenkirchen: 96
Deutsches Weininstitut, Mainz: 21 (oben), 58, 116
Mauritius, Mittenwald: 100 (Pigneter), 104
Silvestris, Kastl: 119
StockFood, München: 62, 98/99, 101,108,113 (W. Schwager)
WWF, Geislingen: 40

FALKEN Archiv:
Anschlag u. Goldmann: 48
M. Brauner.: 24, 113
Burock: 85 (2x: ganz oben, ganz unten)
L. Dürichen: 126
Eichler/Hofmann: 60, 134
G. W. Kienitz: 154
H. Nadolny: 85 (unten)
Photo-Illustr. Ltd.: 88, 124, 153
F. Rink: 5 (2x), 9, 14, 50/51, 51, 85 (2x: li u. re oben)
Tessmann & Endress: 2, 4, 12 (oben u. unten), 8/9, 26, 64, 68, 70, 74, 76, 79, 81, 99, 118, 120, 142, 144/145,145
TLC: 1, 7, 33, 35 (2x), 38, 43, 49, 54, 56, 57, 80, 130

Zeichnungen:
Dietmar Griese, Berlin: 23 (oben), 29, 36, 39 (4x), 41 (3x), 47 (4x), 91, 92, 94, 102, 106, 111, 122, 147, 149, 150, 151, 164, 165
AS-Design, Ilse Stockmann-Sauer, Offenbach: 11, 13, 19 (Zeichnungen von re.), 25 (3x), 136 (3x), 141, 158, 160, 161
FALKEN Archiv: Ch. Fellner: 18/19, 20/21 (unten), 30, 84 (3x), 93, 159, 166

Im FALKEN Verlag ist zum Themenbereich „Umgangsformen"
u. a. erschienen:
„Umgangsformen heute" (4876)
„ABC der modernen Umgangsformen" (4754)
„Moderne Umgangsformen" (60276)
„Business-Knigge von A bis Z" (4887)
„Umgangsformen im Berufsleben" (60112)
„Richtig auftreten im Beruf" (1657)

Dieses Buch wurde auf chlorfrei gebleichtem und säurefreiem
Papier gedruckt.

Der Text dieses Buches entspricht den Regeln der neuen deutschen
Rechtschreibung.

Die Deutsche Bibliothek – CIP-Einheitsaufnahme

Hanisch, Horst:
Kulinarischer Knigge : Umgangsformen rund um Essen und
Trinken / Horst Hanisch. – Niedernhausen/Ts. : FALKEN, 1997
    ISBN 3-8068-7323-2

ISBN 3 8068 7323 2

Umschlaggestaltung: Peter Udo Pinzer
Titelbild: Peter Udo Pinzer
Fotos und Zeichnungen: siehe Seite 183
Gestaltung: Horst Bachmann
Redaktion: Regine Gamm
Herstellung: Jürgen Domke

Die Ratschläge in diesem Buch sind von Autor und Verlag sorgfältig erwogen und geprüft, dennoch kann eine Garantie nicht übernommen werden. Eine Haftung des Herausgebers bzw. des Verlags
und seiner Beauftragten für Personen-, Sach- und Vermögens-
schäden ist ausgeschlossen.

Satz/Litho: DM-SERVICE Mahncke & Pollmeier oHG, Rodgau
Druck: Appl, Wemding

817 2635 4453 6271